Recuerdos y Recetas de Borinquen

Por:

Elizabeth Noriega de Quintero, M.D

Marie L. Tolosa, M.A

Autoras
Elizabeth Noriega Quintero, M.D.
Marie L. Tolosa, M.A.

Arte Gráfico, Diseño y Emplanaje
José "Gigio" Esterás
NEOgraff
(787) 360-0913

Fotógrafos
José "Gigio" Esterás
Richard Axtmayer

Para más información:
Recuerdos y Recetas de Borinquen
Apartado Postal 194757
San Juan, PR 00919-4757

1ra Edición 1996	3ra y 4ta Tirada 2005	6ta Tirada 2007
2da Tirada 1996	5ta Tirada 2006	7ma Tirada 2009
	8va Tirada 2012	

©Todos los Derechos Reservados
Los materiales de esta publicación están protegidos por las leyes de propiedad intelectual. Cualquier duplicación o copia electrónica de cualquier parte de esta publicación sin permiso de las autoras esta prohibido por ley.

Library of Congress Card # TX4-318.291
ISBN 1-59608-155-4

™Elizabeth Noriega de Quintero y Marie L. Tolosa
®Elizabeth Noriega de Quintero y Marie L. Tolosa

Agradecimientos

Son muchas las personas que generosamente aportaron y compartieron con nosotras sus recetas, y mas importante aún, su entusiasmo con nuestro sueño de escribir este libro. A todas va nuestro sincero agradecimiento.

Es justo señalar a las personas que contribuyeron de manera muy especial y quienes aportaron su tiempo y su esfuerzo en ayudarnos en esta empresa. Estas son la Lcda. Sara Ramírez quien editó la Sección de Recetas y José E. Esterás quien diseñó el libro, aportó fotografías y realizó el trabajo gráfico y de emplanaje. Con ellos tenemos una deuda de gratitud.

A nuestros esposos e hijos, por sus consejos y estímulo, y muy especialmente por la paciencia que han tenido durante este tiempo, nuestro amor y profundo agradecimiento.

Tabla de Contenido

Introducción　　　　　　　　　　　　　　　7

Recuerdos　　　　　　　　　　　　　　　9

Recetas

    Bebidas y Entremeses　　　　　　　33

    Sofritos, Sopas y Caldos　　　　　　49

    Aves, Pescados y Mariscos　　　　　57

    Carnes　　　　　　　　　　　　　　73

    Arroces, Granos y Pastas　　　　　97

    Viandas y Ensaladas　　　　　　　113

    Postres　　　　　　　　　　　　　121

Indice de Recetas　　　　　　　　　　　141

Introducción

Este libro tuvo su origen en conversaciones informales entre vecinas, intercambiando recetas, preocupaciones y sueños. Las recetas eran las de algunas de las comidas típicas que disfrutábamos en nuestra niñez y que ya estaban quedando en el olvido; las preocupaciones porque nuestros hijos y nietos puedan, ahora y en el futuro, preparar las comidas de sus antepasados; y el sueño de dejar algo nuestro para ellos...

Cuando comenzamos a recopilar las recetas aquí incluidas; surgieron a torrentes las memorias de nuestra infancia y juventud; ¿Cómo vivíamos, como eran nuestros hogares, costumbres, música, juegos y cuáles eran las tradiciones y rituales que eran parte de nuestro diario vivir? Así fuimos copiando recetas y haciendo anotaciones de algunas de las cosas que éstas nos recordaban. Nos dimos cuenta que desde la década del 30 en que nacimos nosotras, hasta la del 90, hemos vivido y presenciado grandes cambios en lo mas básico de la fibra de nuestras vidas. Como dijo nuestro poeta Virgilio Dávila, "Ay madre melancolía, que ya no somos nosotros..."

Es nuestro deseo que las generaciones actuales y futuras, nuestros hijos y los suyos, puedan conocer cómo eran en la intimidad sus antepasados, no por leer unas estadísticas en un libro de historia, sino por un relato sencillo que les permita sentir que estamos compartiendo esas vivencias. Vamos a contarles nuestros recuerdos y los de amistades que generosamente han compartido con nosotras los suyos. Esta es nuestra interpretación de unos hechos y pueden diferir de las de otras personas. Los invitamos a que ustedes amplíen estas memorias incluyendo las suyas y las que de su familia les relatasen sus padres. Es importante aclarar que esta obra es una simple colección de memorias y de recetas, escritas por una psiquiatra y una psicóloga. No somos historiadoras, nutricionistas, expertas en cocina ni tenemos pretensiones literarias. Nos hemos limitado a contar acerca del Puerto Rico de las décadas del 30 hasta el 50 y esperamos que acepten nuestro modesto ofrecimiento como una charla familiar, donde unas madres cuentan a sus hijos sus experiencias particulares.

Hemos dividido este libro en dos partes: Los recuerdos y las recetas. Aún en la parte de las recetas comenzamos cada sección con alguna explicación y con anécdotas o reminiscencias. Hagan suyo este libro, amplíenlo, adopten las recetas a sus gustos y costumbres. Lo más importante para nosotros es que lo disfruten.

Río Piedras
Enero de 1996

Elizabeth Noriega Quintero, M. D
Marie L. Tolosa, M. A

Recuerdos

Una de las necesidades básicas del ser humano es la de comer. Cuando un bebe saludable llora, sabemos que es porque tiene hambre o porque está incómodo. Las personas encargadas de su cuido conocen que es necesario alimentarlo a ciertas horas y usualmente, para así hacerlo, lo toman en los brazos y lo lactan o le dan la botella, mientras le hablan o le cantan. Es así como el bebe llena su necesidad de alimentación y como comienza a asociar la presencia de otras personas con esa sensación placentera de sentir saciada su hambre. Va asociando todas las otras sensaciones que ocurren mientras él ingiere su alimento: las caricias, los sonidos, los olores, al placer de sentirse colmado. Crecemos, nos volvemos adultos pero siempre la comida continúa siendo una fuente de placer que asociamos con infinitos recuerdos. Es por esto que cuando nos tomamos una taza de café recién "colao" nos parece ver a la abuela parada frente al fogón colándolo temprano por la mañana... y el olor a leña y carbón siempre nos recuerda los lechones asados de las fiestas de Reyes. Encontramos que empezar a recordar es como abrir un viejo baúl lleno de papeles antiguos...no sabemos lo que vamos a encontrar. Así es con los recuerdos.

Durante la década del treinta, en los Pueblos y Ciudades de Puerto Rico, el centro de actividad era la plaza de recreo, rodeada siempre por la iglesia a un extremo y la Casa Alcaldía al otro. Los comercios más importantes se ubicaban alrededor de esta Plaza al igual que las residencias de las familias acaudaladas de ése lugar. Muchas de estas residencias quedaban en segundas plantas siendo el local de la planta terrera ocupada por el negocio de la familia. Mientras más cerca de la Plaza quedaba una casa, mas importante se consideraba esa familia.

Las casas de las familias de un nivel socio-económico medio eran usualmente de madera, algunas con la fachada en cemento o forrada en plancha de zinc ornamental. Tenían balcones con balaustres que daban a la calle y era aquí donde se sentaban las familias, conversaban entre sí y con los que pasaban por la acera. Otras casas quedaban tan pegadas de la acera que no había espacio para un balcón y por eso tenían antepechos. Estos eran unos semibalcones, del mismo ancho de la puerta que abría a ellos, que permitía que las personas se acodaran en sus barandas para mirar hacia afuera y para que los viesen allí asomados. Se colocaban unos cojincitos estrechos sobre la baranda y en estos se acomodaban los codos, esto era para no pelárselos cuando era largo el rato que pasaban en esta posición. Las casas que quedaban retiradas del centro del pueblo tenían más terreno y casi siempre tenían un balcón que corría alrededor de tres lados de la casa.

Los pisos eran de madera y se cubrían con "linoleun" tal y como hoy se cubren con alfombras. Los muebles más lujosos eran los de madera del país (caoba) y pajilla. En las salas siempre había varios sillones, un sofá, y algunas butacas y mesas. En las ventanas y en las puertas había cortinas de cretona y en las paredes algunas fotos de antepasados, acompañados de un cuadro del Sagrado Corazón o de la Virgen del Perpetuo Socorro. El comedor tenía alrededor de la mesa todas las sillas que eran necesarias para que la familia completa se sentase junta para el desayuno a las siete de la mañana, el almuerzo a las doce en punto del medio día y la comida o cena a las seis de la tarde, sin fallar. También había un "chinero" donde se guardaban la vajilla y los vasos, las dulceras y fuentes. En la pared era mandatario un cuadro de la Ultima Cena.

En los dormitorios estaba la cama de pilares, de una plaza para los solteros y de dos plazas "full", para los esposos. Esta ultima era llamada la cama matrimonial y era la mas grande conocida para entonces. Estas camas de pilares eran muy útiles ya que facilitaban el que de ellas se amarrara el mosquitero sin el que no se podía dormir pues no había telas metálicas en las ventanas para protegernos de los insectos. Había un ropero para guardar la ropa ya que no existían los closets. Se usaban mucho los baúles para guardar la ropa de cama y toallas y se les ponía adentro un ramito de pacholí para darles buen olor. En algunas casas había perchas para colgar los trajes. Estos consistían de unos ganchos puestos en la pared, con una tablillita en la parte superior, de la que colgaba una cortina para cubrir su contenido. No era mucha la ropa que se tenia, así que, con eso era suficiente. En algún lugar del dormitorio se escondía una escupidera. Esta era indispensable porque aunque para ese tiempo en casi todos nuestros pueblos ya había agua corriente en las casas y tenian cuarto de baño con inodoro, bañera o ducha, éste usualmente estaba ubicado en el patio o en la galería que por lo general había en la parte de atrás. Casi siempre estas casas fueron construidas cuando lo que se usaban eran letrinas siendo los inodoros añadidos años más tarde en el lugar donde habían estado aquellas, retirada del área de las habitaciones.

Los baños tenían bañeras montadas en patitas, las mismas que ahora están de moda como antigüedades, o una simple ducha que caía en el piso de cemento con un borde para que no se inundara todo el espacio. Los inodoros tenían la caja bien alta, *pegada a la pared, y de ella colgaba una cadena que se halaba para que cayese el agua limpia a la taza. Por eso hay aun quien pregunte, "¿Halaste la cadena?"*

En las cocinas se cocinaba en un fogón de carbón que podía ser hecho en cerámica o de sencillo cemento. Para los años cuarenta se usaba la estufa de gas y ya en los cincuenta, la eléctrica. Las neveras originalmente eran muebles de madera forrados por dentro en latón, donde todos los días se colocaba un gran bloque de hielo. Este se repartía de casa en casa, envuelto en sacos y cubierto con aserrín para que no se derritiese en el trayecto. Para fines de los 30 ya más hogares tenían neveras eléctricas con un gran motor encima, como si fuese un gran moño redondo. Este motor generaba calor y junto a él se colocaba el pan para mantenerlo caliente. No existían los gabinetes de cocina, ni las muchas gavetas y tablillas con que se cuenta hoy, solo una alacena que era un mueble en madera, más bien rústico, donde se guardaban los platos y utensilios de cocina. En algunos hogares había una mesa con tope de porcelana donde se preparaban los alimentos y no podía faltar el filtro de agua. Es interesante notar que aunque en la mayoría de las casas en Puerto Rico se cocina hoy en estufas eléctricas, aun se dice y se escriben las recetas como si se usase fuego, una llama para cocinar. Por ejemplo, se dice "Hierva a fuego lento", "Fría a fuego lento". Estas fueron expresiones usadas por muchos años cuando se cocinaba con carbón o con gas y que todavía perduran.

La ropa se lavaba a mano, en tinas o baños de metal. Se usaba jabón de barra de marca Octagón o Azul Moteado con el que se frotaba la ropa que luego era estrujada sobre una tabla de madera ondulada. Se secaba al sol tendida en cordeles. El almidonar era un proceso complicado y tedioso. El almidón venía en polvo que parecía maicena y había que diluirlo en agua y hervirlo. Se le añadía una pastilla azul llamada añil, usada para blanquear la ropa, y tenía que disolverse en el almidón hirviendo. La ropa, después de secada, se mojaba en esa solución y de nuevo se tendía a secar. Cuando se iba a planchar era necesario humedecerla y luego rociarla con agua mientras se iba planchando. Las planchas eran de hierro y se calentaban colocándolas en un anafre lleno de carbones encendidos. Casi siempre se tenían dos planchas para poner una a calentar mientras se usaba la otra. Estas planchas fueron seguidas por las de gasolina, que funcionaban de manera parecida a las linternas que usamos hoy para acampar. Luego llegaron las planchas eléctricas que no tenían graduación para la temperatura. Por ultimo llegó la que hoy conocemos, con vapor y selección de temperatura. Es necesario hacer notar que toda la ropa de la casa se lavaba y planchaba allí, incluyendo los trajes del jefe de la familia, casi siempre de hilo o dril blanco...

El equipo de limpieza lo componían la escoba, el escobillón o deshollinador, (recuerden que los plafones tenían diez o doce pies de alto y no se podían alcanzar con las escobas), cepillo para lavar los pisos y toallas viejas para secarlos. Se usaba Piola, Perlina, Limpiador y Creso para desinfectar. El insecticida que se usaba era el Flit. Venia con un asperjador y se usaba para mosquitos, cucarachas, chinches y otras sabandijas. (Las chinches eran unos insectos que se alojaban en los colchones de las camas y de noche se alimentaban de los pobres mortales que durmiesen allí.) Parte del ritual de limpieza en los hogares era el desmontar las camas una vez al mes. Estas tenían una alambrera (que hacia las veces de nuestro "spring") y una o dos colchonetas sobre las que se dormía. (Estas hacían las veces del "matress" moderno) A las alambreras se les echaba agua caliente y se rociaban con Flit mientras que las colchonetas se ponían al sol luego de echarles el insecticida. Esa marca se convirtió en sinónimo de insecticida y aún hoy, no importa la marca del que se use, muchas veces se dice, "Le voy a echar Flit". Cuando una joven tenia un pretendiente que no era del agrado de alguna amiga, esta le decía, "Échale Flit", o sea, desaparécelo.

Como no había sistema para refrigerar adecuadamente los alimentos, estos se compraban a diario. Se iba a la plaza del mercado (experiencia aun hoy llena de colorido y hecha para compartirse con un ser querido), o algún colmado o ventorrillo, según el lugar donde se viviese. En casi todos estos sitios vendían a crédito, o sea "fiao", ya que muchas familias no disponían de dinero en efectivo todo el tiempo y usualmente era materia de honor pagar las deudas tan pronto se podía. Las cuentas las llevaban en estas tiendas en libretas, bolsas de papel y a veces, hasta en la pared.

Las boticas era donde se compraban los remedios y donde muchas personas iban a recetarse con el boticario. En las tiendas de calzado permitían que los clientes conocidos llevaran dos o tres pares de zapatos, "a la vista". Esto era para que la persona que los fuera a usar se los pudiera medir sin tener que hacer el viaje hasta la tienda. Se los llevaban a la casa, se los medían, y así decidían con cual se quedaban. Los comerciantes sabían que los clientes le devolverían, sin usar, los que no fuesen a comprar. Lo mismo se hacia con los trajes. Los niños más pudientes tenían dos pares de zapatos, unos para la escuela y otros para salir. Casi toda la ropa era confeccionada en casa por costureras o algún miembro de la familia. Las maquinas de coser eran de pedales y por los años cincuenta llegaron las que tenían un motorcito eléctrico. Se copiaban los modelos de las revistas y se mandaba a algún miembro de la familia a buscar muestras de telas a las tiendas de mercería, para seleccionar la deseada para la confección de alguna pieza de vestir. En muchos hogares se cosía la ropa de todos los miembros de la familia, incluyendo a los hombres.

Se arreglaba la ropa de un hermano para otro y con frecuencia, matrimonios que estaban en mejor situación económica regalaban la ropa que se les quedaba a sus hijos a otros niños de la parentela. Esto se conocía como "heredar". Había ciertos días del año que en los que siempre que se podía, las niñas y jóvenes estrenaban traje; el día de Año Nuevo, traje amarillo para la buena suerte; el Viernes Santo traje blanco o lila, y en el día de cumpleaños o Santo. A las niñas, en ese día, se les ponían trajes de lino cristal o "dotted swiss", con pasacintas, tiras bordadas, enaguas y "bloomers" de nansú, y un gran lazo en la cabeza que preferiblemente estaba peinada con rizos como los de Shirley Temple.

Las navajas desechables que se conocían eran marca Gem y todas las otras navajas similares que luego nos llegaron, se bautizaron con ese nombre. Se decía, y aun se oye, "se dio un tajo con una Gem". El jabón de baño que se usaba era el John Laud o El Salva Vidas, también conocido como jabón de perro por el olor a desinfectante que en esa época tenia. Para los niños pequeños se usaba el jabón Reuter. El desodorante era Mum u Odorono pero pocas personas podían comprarlo. El enjuague para el cabello era agua de manzanilla o de vinagre. La brillantina que usaban los caballeros era Brisas del Caribe o Halka, y no les faltaba el Tricófero. Los polvos faciales eran Coty o Maja, el colorete Tangee y el esmalte de unas sigue denominándose Cutex, la única marca que se conocía. El perfume de las señoras era Evening en Paris y para los caballeros Flor del Blasón, amén del Agua Florida.

Las bocinas de los carros eran marca Claxon y ese nombre se convirtió en sinónimo para todas las bocinas de vehículos de motor. Aun se pueden ver rótulos "Prohibido tocar el Claxon". Cuando se tomaba y se aprobaba el examen de conducir, la persona recibía una pequeña placa de metal para ser usada en la correa por los hombres o en la cartera para las pocas mujeres que guiaban. Del que guiaba sin placa se decía que estaba "esplacao".

No se acostumbraba a salir a comer afuera. El ir a un restaurante o una fonda era un acontecimiento reservado únicamente para las ocasiones en que se viajaba a otro pueblo. Aun así, si había familiares en ese lugar se visitaba su casa sabiendo que compartirían su mesa. Siempre se decía "Donde comen dos, comen tres"; "Échale agua a la sopa que llegó visita", o, "Comeremos más y comeremos menos".

Entre nuestras costumbres estaba la celebración del Día de las Madres. Se colocaban jabones, polvo talco, colonia y quizás algún corte de traje, en una canasta de paja o de mimbre que luego se forraba con papel celofán y se adornaba con un lazo. Estos eran conocidos como los canastillos de las madres y podían ir acompañados por algún budín o bizcocho comprado en la panadería. El amor y respeto por los padres y familiares mayores se evidenciaba de muchas maneras, siendo una de estas el pedir la bendición. Al acostarse, al salir de la casa y al regresar, al encontrarse con algún familiar mayor, siempre se pedía la bendición. Y la respuesta, sin fallar, "Dios lo bendiga, mija o mijo" o "Dios lo guarde". El compadrazgo era una hermosa relación. El bautizar el hijo de otra persona acercaba a las dos familias estableciéndose una relación como si fuera de sangre. Al niño se le enseñaba a amar y a respetar a sus padrinos como si fuesen sus padres, y estos a su vez se mantenían al tanto de todo el desarrollo y las necesidades de su ahijado, ayudando cuando fuese necesario

Nuestras navidades comenzaban con las misas de aguinaldo, a mediados de diciembre. Por nueve días antes de la Nochebuena, a las 5:30 de la madrugada, se celebraban misas que se acompañaban con guiros, maracas y cuatros. Al salir de misas se llevaban parrandas por el pueblo y se iba a la panadería a comprar el pan acabadito de hornear, caliente y fragante. (En los últimos años se observa un renacer de esta costumbre de celebrar las misas de aguinaldo y se está haciendo con gran éxito.) En la Nochebuena se iba a la Misa de Gallo que se celebraba a la medianoche y luego las familias se reunían en los hogares a continuar la celebración. Los preparativos comenzaban desde días antes con la preparación de los pasteles, y desde la mañana del 24 preparando el arroz con gandules, perniles y sabrosos postres. No faltaban los turrones, las avellanas y las nueces. Todo esto acompañado de abundantes tragos de coquito o de ron. Dulce recuerdo es una copla de esa época que decía "Esta noche es Noche Buena, noche de comer lechón, y en la copa de tus labios, beberme un trago de ron". No existía el árbol de Navidad ni se conocía a Santa Claus, en cambio, se celebraba el nacimiento del Niño Jesús y en casi todos los hogares había una cunita de paja con su efigie. La fiesta grande para los niños era la de Los Reyes Magos. Sus tres estrellas aparecían en el cielo de diciembre y enero y se les observaba con la mirada como se iban acercando a la tierra. Era motivo de gran emoción cuando el cinco de enero, al atardecer, se cortaba la hierba y se ponía en cajitas que se colocaban debajo de las camas. Esa noche la hora de acostarse era al caer el sol. Dormir era imposible dada las fantasías que se vivían, que culminaban en la firme creencia de haber visto a por lo menos uno de los Reyes. Los regalos que los magos dejaban a las niñas casi siempre consistían en una muñeca, (la de Shirley Temple era la favorita), Jacks, cuicas y algún juego de tazas y platillos. A los niños, como decía la canción, "Una bola, un guante y un fusil pequeño".

Otra tradición nuestra era la manera de celebrar la Semana Santa. Desde que en alguna fecha en febrero terminaba el carnaval, el Miércoles de Ceniza comenzaba la calurosa y seca cuaresma, se hacían penitencias y sacrificios al Padre Celestial. No se comía carne en los días señalados, se privaban de postres y dulces y no se celebraban fiestas ni se bailaba. El Domingo de Ramos se vaciaban los campos y pueblos en las iglesias para cada familia buscar su penca de rama bendita con la que se hacía una trenza o un lazo para colgarlo en la casa en algunas de las imágenes y cuadros religiosos. Costumbre muy particular era la de colgarse la rama bendita del cuello cuando tronaba o hacía mal tiempo, como señal de protección. El Miércoles Santo se limpiaba bien la casa y se preparaba la ropa para el resto de la semana ya que desde ese día no se podía hacer ningún trabajo fuerte. El Jueves Santo se cocinaba y se preparaba la comida de ese día y la del Viernes Santo ya que ese día no se prendía el fogón ni se cortaba alimento alguno. Si acaso, solo se calentaban un poco de café y unas viandas...era día de ayuno. Por la tarde se iba a la iglesia a escuchar las Siete Palabras, luego a la procesión del Santo Entierro por las calles del pueblo y por la noche de la Virgen de los Dolores. El Sábado de Gloria se oían replicar las campanas de las iglesias desde las diez de la mañana, como símbolo de la resurrección de Jesús. Era seguro que esa noche se bailaba en alguna casa o en el casino del pueblo. Las fiestas sagradas finalizaban con la procesión del Santo Encuentro, muy temprano en la madrugada del Domingo de Pascua.

Otra práctica religiosa muy arraigada en nuestro pueblo de entonces, eran las promesas que se hacían a las diversas manifestaciones de la Virgen, del Señor, o de los Santos. Cuando estos escuchaban la súplica hecha, se pagaba la promesa vistiendo un "hábito". Era este un traje muy sobrio, sencillo y de forma y color ya estipulada, según la figura a quien fuese dirigido. Si era para la Virgen Milagrosa, el traje era blanco con cordones azules en la cintura; para la Virgen del Carmen era marrón con cordones verdes, y así variaban. Estos:"hábitos" se llevaban por periodos de tiempo desde un mes hasta años, según fuese el favor recibido. Así también eran populares las promesas de subir de rodillas las escalinatas de la Iglesia de La Monserrate en el pueblo de Hormigueros, o celebrar las Rosarios de Cruz en el mes de mayo, o las devociones a los Reyes Magos. También se mandaban a hacer figuritas en plata que representasen el favor recibido, piernas, brazos, ojos, oídos, un niño, y se llevaban al altar de su devoción donde se colocaban en tableros especiales. Aun hoy pueden verse estas figuras ya antiguas, en algunas iglesias de los pueblos.

Muy diferente era la manera de velar a los difuntos y todo lo relacionado con este doloroso momento. Hacer uso de funerarias para llevar los cuerpos de nuestros familiares difuntos a ser velados en estas, fue costumbre surgida en San Juan hace aproximadamente treinta años, y mucho mas reciente en los pueblos de la Isla. Antes de eso velábamos a nuestros seres amados en nuestros hogares. Se preparaba la sala y balcón con sillas plegadizas y se colocaba el ataúd en el sitio de honor en la sala. Debajo de este se colocaban palanganas o cubos con hielo para mantener el cadáver a una temperatura que permitiese esperar hasta el próximo día para enterrarlo, ya que los cuerpos no se preparaban como se hace hoy con procedimientos que permiten esperar varios días para el entierro. Se colocaban el crucifijo y las velas a los lados del ataúd y se arreglaban ramos de azucenas a su alrededor. Las coronas se preparaban en las mismas casas y eran muy sencillas. Un cartón duro se cortaba con la forma que se le quisiera dar, y en él se clavaban con alfileres unas florecitas llamadas siemprevivas. Como lo sugiere el nombre, duraban mucho tiempo después del entierro. No había dinero para lujos pero se reunían todos los familiares, vecinos y amigos y permanecían en la casa y sus alrededores toda la noche y el próximo día, hasta la hora del entierro. Se mandaba a comprar chocolate, leche evaporada, queso de bola y galletas Export Soda. Se preparaba el chocolate bien espeso y se servía con pedacitos de queso adentro para que se derritiesen. También se habían provisto los dueños de la casa de algunas canecas de ron o pitorro, según donde se viviera, para los que en la larga noche tuviesen la necesidad de fortalecerse para ayudar a pasar la pena. El entierro en sí, salía de la casa para la iglesia siendo el féretro cargado por amigos y familiares y recibido con el triste doblar de las campanas. Después del servicio religioso salían para el cementerio; si quedaba cerca, de pie, si lejos, en carro fúnebre el cadáver y a pie el séquito. En algunos pueblos, aún en los años treinta, existían carros de caballos con lados de cristal donde se llevaba el féretro y eran acompañados por músicos que plañideramente tocaban sus instrumentos por el camino hasta llegar al cementerio. Existían en Puerto Rico unas estrictas reglas para el luto. Si moría el padre o la madre las hijas se vestían de negro un tiempo mínimo de doce meses y luego otros doce meses de medio luto; si el que moría era el esposo el luto estricto, (todo de negro), era de dos años seguidos de varios años, o del resto de su vida, de medio luto. Según el grado de familiaridad era el tiempo que duraba el luto y este era cumplido por todas las mujeres de la familia. Si el que moría era un vecino o amigo se guardaba "consideración", usualmente una semana de medio luto, sin prender el radio o hacer ruidos.

Para la década de los treinta recién comenzaban a haber radios en nuestros hogares. Eran estos en su mayoría marca Pilot. Consistían de una caja grande con una bombilla redonda y verde, al frente, que parecía un ojo gigante. Era más el ruido que hacían que lo que se oía. Aun así todos se acercaban a oírlo e insistían que aquella estática era un programa desde Venezuela o Cuba. Ya para los años cuarenta los radios eran parte del equipo de casi todos los hogares y las familias se entretenían oyendo música, novelas y noticias, particularmente durante la Segunda Guerra Mundial. Hubo programas radiales que se convirtieron en tradición, como el de Don Rafael Quiñónes Vidal, en el que comenzaron a cantar como aficionados muchos de los cantantes que después se hicieron famosos.

La juventud de hoy día conoce de cassettes, tapes, C.D. y "Laser Discs". No así la de la época que se describe. Bien ilustrativo en ese sentido es el recuerdo de la autora psicóloga que reza así:

"El primer tocadiscos que conocí era un vejestorio propiedad de mi abuela, que funcionaba con una manigueta. A mitad de canción parecía que se moría cuando se le iba acabando la cuerda. Luego me regalaron uno que se le conectaba a la radio; era solo un plato que giraba y un brazo que se levantaba y se colocaba sobre el disco. De vez en cuando se le pasaba el dedo por la punta de la aguja para limpiarla, y siempre algún conocedor, con aire docto comentaba "Tienes que cambiarla". Esos toca discos se conocían como pickups. Para los años cincuenta llegaron los toca discos Hi-Fi y el que tenía uno era envidiado".

En esa época llego la televisión a Puerto Rico y revoluciono el estilo de vida de toda la isla. Las pocas familias que pudieron comprarlo lo colocaban de forma que todo el vecindario pudiera venir a disfrutarlo. Hasta ese momento las familias en Puerto Rico se visitaban, los vecinos se sentaban por las noches a conversar y se compartía lo poco que se tenia. Se hacían veladas donde los jóvenes cantaban o recitaban al igual que montaban pequeñas obras de teatro, muchas veces originales. Especial encanto tenían los cuentos de terror, siendo los espíritus y los fantasmas los temas favoritos. El entretenimiento era, pues, la responsabilidad de las propias familias. Luego de la llegada de la televisión este orden de cosas se perdió y hemos permitido que sea la televisión la que llene esa necesidad en nuestras vidas.

Aun recordamos que a esa generación se dormía en un sillón cantándole, "Ay turulete, ay turulete, el que no tiene vaca no bebe leche...", mientras los adultos a su alrededor cantaban "Dos letras tan solo te escribo..." o "Me voy a quitar la vida, óyelo bien...".la juventud de la época oía la orquesta cubana de Lecuona, o a la ponceña Mingo y sus Whopee Kids con su famosa cantante Ruth Fernández. Para el comienzo de los 40 la favorita y la que provocaba suspiros románticos era las de Rafael Muñoz con su cantante José Luís Moneró. El Trío Vegabajeño interpretaba "Somos de Vega Baja, Barceloneta es mi pueblo..." y los Panchos "Caminemos tal vez nos veremos después..." Aun los niños conocían la música de Rafael Hernández, en especial Lamento Borincano, Campanitas de Cristal y Capullito de Alelí. Se escuchaban las danzas Mis Amores, Violeta, Tú y Yo y Sara, entre otras. Durante la Segunda Guerra Mundial, en los cuarenta, todos escuchaban con gran emoción a Daniel Santos cantar, "Vengo a decirle adiós a los muchachos..." y "Perdón, vida de mi vida, perdón si es que te he faltado... "Ya comenzando los cincuenta se oía a Felipe Rodríguez en "La Ultima Copa", a Tito Lara en "Orquídeas a la Luz de la Luna" y "En MI Viejo San Juan" de Noel Estrada ya era popular. Se bailaba para entonces, ya en nuestros años universitarios, al son de los Universitarios y Los Andinos. De singular belleza eran las serenatas en las que el galán enamorado reprochaba a la joven de sus sueños, "Usted es la culpable, de todas mis angustias...".

En prácticamente todos los pueblos de la Isla había un teatro donde se pasaban las películas y que poco a poco pasó a ser conocido como Cine. En las ciudades había varios y se podía seleccionar de entre sus carteleras. De ese entonces eran los "episodios" de los domingos durante los que la audiencia gritaba cuando Gene Autry o Roy Rogers se quedaba colgando sobre un precipicio mortal no siendo hasta el próximo domingo que se lograba saber como se había salvado. Se lloraba a mares cuando Chachita se quedaba nuevamente huerfanita y cuando Doña Sara García contaba las tragedias de sus ingratos hijos que la "mataban a disgustos". Libertad Lamarque hacia las delicias de las señoras con sus películas y tangos. Jorge Negrete, el guapísimo galán Mejicano, vino a Puerto Rico en los 40 y las féminas pudieron ver de cerca al héroe de sus sueños. Para los 50 surgió la española Sarita Montiel y todas se sentían cupletistas y cantaban. "Nena, me decía loco de pasión..." Y todos esos años estaba Cantinflas haciendo reír a los de todas las edades.

En los pueblos todos se conocían, sabían donde cada cual vivía y quienes eran sus padres. Se compartían alegrías y tristezas, igual que se compartían los platillos especiales que se preparaban. Algo que resulta raro de entender, es cómo familias numerosas, en las que no había muchos medios económicos, podían cuidar niños huérfanos o aquellos cuyos padres no podían mantener. En muchas casas siempre había hijos de crianza, y los propios y los ajenos se querían entre sí como si verdaderamente fueran hermanos. No había dinero, pero lo que había se compartía. De la misma manera casi todas las familias tenían varias generaciones viviendo juntas en el hogar; abuelos, padres, hijos, tías viudas o solteras y entre todos ayudaban al buen funcionamiento del hogar.

Alguna de esas tías podría estar a cargo de eliminar lo piojos de los niños. Era inevitable que tarde o temprano estos aparecieran y que después de decir varias veces, "Que muchacha tan dulce para los piojos", procedieran a embadurnar la cabeza de la "piojosa" con una mezcla de alcohol y unos polvos que se llamaban Precipitado Rojo. Se le cubría luego la cabeza con un paño y después de varias horas se la lavaban. Esa mezcla era tan fuerte que a veces junto con los piojos se iba la piel. Pero nada igual al tormento del peine con el que se sacaban las liendres y de paso, mechones enteros de pelo. Si la situación estaba muy difícil y la víctima estaba muy "comida" por los piojos, se recurría a cortar el pelo, bien cortito, por lo que todo el pueblo se enteraba que ésa o ése, tenía piojos.

Esa generación fue muda. Los padres decían que los niños hablaban cuando las gallinas m...n, en otras palabras, nunca. Nadie osaba romper esa regla. Intervenir en conversaciones de adultos, interrumpir una conversación u ofrecer una opinión no solicitada, eran materias graves pero inmediatamente controladas con un simple abrir de ojos de cualquiera de los adultos del hogar.

Esta fue la última generación traída por la cigüeña. Fueron sus últimos viajes antes de retirarse y ceder su puesto a las "semillitas" y los "huevitos". Así se continuo "protegiendo" la inocencia de las niñas hasta el momento de contraer nupcias, labor que comenzaban en los primeros años de la vida al no permitirles jugar con los varones. Era un dicho común, "las niñas juegan con las niñas y los niños con los niños". Las jovencitas tenían que salir en grupo con amigas conocidas por la familia y acompañadas por una chaperona. Si bailando la pareja se pegaba mucho a la joven, se le indicaba a ésta, por señas, que se retirase. Uno de los pocos sitios donde podían ir solo con amigas, era a pasear por la plaza del pueblo, en especial los sábados y domingos al anochecer. Allí los jóvenes de ambos sexos se encontraban, conversaban, se enamoraban, y planificaban como verse con más frecuencia. Cuando por fin la pareja determinaba que estaban seriamente interesados el uno con el otro, el joven tenía que ir a casa de la señorita y "pedir la entrada", esto es, pedir permiso para visitarla en su casa. Allí el pobre era sometido a todo tipo de preguntas y se "espulgaba" todo su árbol genealógico. Las visitas eran compartidas con toda la familia, solo después de un tiempo, y de conocerlo bien, les iban permitiendo quedarse solos en el balcón. Luego venia el compromiso formal, con la visita de los padres del joven a pedir la mano a los padres de la novia y a discutir los planes para la boda aunque esta podría tardar varios años. El traje de la novia era usualmente hecho por la madre o alguna costurera o modista, pero solían ser mas sencillos que los que vemos ahora. La ceremonia y recepción eran asuntos familiares y de las amistades cercanas, y se celebraban con alegría y con el espíritu de compartir esa emoción. Los obsequios dependían de la situación económica de la familia de la novia que eran siempre los que costeaban la boda y podía ser desde tomarse un chocolate y el bizcocho de novios hasta una comida más completa. Con frecuencia se decía "Me invitas a tomar de ese chocolate", lo que quería decir "Me invitas a tu boda". No faltaban en los pueblos quienes apuntasen la fecha de la boda de alguna pareja para luego, cuando naciera el primer hijo cotejar ambas fechas...

Fue también la última generación asustada por el "cuco", la "mano manca" y los pordioseros que llevaban a la cuesta unos sacos (para guardar lo que recogían), pero que les decían a los niños que era para llevarse a los niños "malos". Era también usual oír a alguien decir, "Tu no te pareces a nadie porque a ti te sacaron de la basura!" Muy pocas personas tenían automóvil propio porque la situación económica no lo permitía. (No se conocían los préstamos para comprar uno.) Entre los medios de transportación existentes estaba el tren, cuya ruta lo llevaba desde San Juan hasta Ponce, pasando Arecibo, túnel de Guajataca, Aguadilla y Mayagüez. Funcionaba con una caldera de carbón cuyas cenizas entraban por las ventanas abiertas haciendo que se llegara al destino cubierto de hollín y mareado del vaivén de los vagones. El viaje de San Juan hasta Ponce duraba 10 horas... se viajaba también, entre un pueblo y otro, en carros públicos, decorados por sus dueños con pellisas y borlas en el cristal trasero. Se podían fletar para el uso exclusivo de la familia o usar los carros de "Líneas" con rutas y horarios establecidos. Los pasajeros eran recogidos en los hogares y llevados al sitio específico donde se dirigían. Muchas personas reservaban el asiento de su preferencia, especialmente solicitados era el del frente y los que quedaban al lado de las ventanillas. En estos viajes se hacían paradas para que los pasajeros pudiesen descansar y comer algo. Una de las paradas más conocidas en la ruta noroeste era la de Arecibo, famosa por sus quesitos de hoja. El viaje de Mayagüez a San Juan era de cuatro horas, pero en lo que se recogían y dejaban a los pasajeros podían pasar 5 horas.

Los carros no tenían aire acondicionado pero aún así, el paseo por excelencia para las familias era salir a dar una vuelta "para coger fresco". Tan pronto los vecinos y parientes veían movimiento hacia el carro se acercaban disimuladamente buscando ser invitados al paseo. En un momento se llenaba el vehículo con los niños en la falda o de cuña entre uno y otro adulto. Las carreteras eran sombreadas, con muchos y hermosos árboles pero con muchas e interminables curvas. Era necesario parar con frecuencia porque alguien siempre se mareaba, aunque para evitar esto se olían limones verdes.

Tanto en San Juan como en Río Piedras (en esa época era un municipio autónomo), la transportación pública era ofrecida por las guaguas de la White Star y el famoso trolley eléctrico que daba servicio por Santurce y San Juan. Ya para la década del cuarenta existían las "pisicorres" que hacían honor a su nombre de "volar bajito", casi todas portando un florido mensaje escrito en el cristal posterior, entre los que decían "Vive tu vida y no la mía" o "Por ti muero".

Los viajes a los Estados Unidos o Europa eran en barco a los que llamaban vapores, recuerdos de cuando esta era la fuerza que los movía. Luego, para mediados de los cuarenta, se comenzó a viajar en avión. Los vuelos de San Juan a Nueva York duraban ocho horas. Las señoras iban vestidas elegantemente y llevaban sombrero, guantes y un corsage, usualmente de orquídeas. Solamente las personas acaudaladas podían hacer estos viajes ya que su costo estaba fuera del presupuesto del resto de la población. Si un hijo conseguía beca para estudiar fuera de Puerto Rico, se despedía de la familia por los años que durasen sus estudios ya que no podía venir ni siquiera una vez al año.

Lo que hasta ahora hemos descrito es la vida en los pueblos y ciudades de Puerto Rico, fuera de San Juan. En esta ciudad la vida era distinta. Todas las personas que nacieron en algún punto de la Isla en esos años recuerdan vívidamente su primer viaje a San Juan. Los recuerdos de la autora psicóloga a ese respecto son ilustrativos. Dice ella:

"Yo nací en Mayagüez y vine a San Juan por primera vez cuando tenía nueve años. Venía a visitar a una tía y me mandaron en la "Línea Nueva", muy encargada a una señora amiga de la familia que también viajaba ese día. ¡Quedé deslumbrada! Lo primero que ví fué el trolley. Me encantó pasear en él y conocer que eran las paradas que por sus números mencionaba la gente; la 15, la 22... Me llevaron a la Cafetería Charneco a comer pastelillos, a Under the Trees, en el Condado a tomar "black out" y a comer un bocadillo. En San Juan fuimos a tomar sopa de gallina a la Mallorquina y a comer pan de Mallorca, tostado y con mantequilla a La Bombonera; al Aquarium a comer un "sándwich" y a ver la pecera que tenían; a mirarme en el espejo curvo de la Ferretería Los Muchachos y a pesarme en la romana gratis entre el primer y el segundo piso de González Padín, y la maravilla mayor sentir el único aire acondicionado de la Isla en la tienda de Kleins, en la otra esquina de Padín. Me tomé por primera vez un "ice cream soda" en Carbia y compramos un disco de Martínez Vela, (se llamaba Borracho No Vale). Regresé a Mayagüez feliz con todo lo que había visto y hecho, creyendo que iba a continuar con ese nuevo y agradable estilo de vida... Tuve un triste despertar!"

"Tengo un amigo que nació y se crió en un pueblo de la Cordillera y lo llevaron por primera vez a San Juan para finales de los años treinta. Lo llevó un tío para que viese la "parada del cuatro de Julio". Salieron del pueblo a las cinco de la madrugada habiendo desayunado en su casa una taza de café con leche y un pedazo de pan con mantequilla blanca. La guagua en que viajaron era vieja y los gases del motor se sentían adentro. Las ventanas no abrían por completo, los pasajeros traían paquetes con comida y alguno hasta una gallinita viva, como regalo para un familiar en San Juan. Así llegaron a la ciudad capital, cansados y mareados. Mi amigo me contó que se paraba en medio de la calle adoquinada, con sus pantalones de dril y su única camisa blanca y de manga larga, tratando de no ensuciar su único par de zapatos recién heredado de su hermano mayor. Miraba boquiabierto a los soldados que pasaban marchando y las bandas de música tocando. A eso de las tres de la tarde, ya medio muerto de hambre y de emociones, el tío lo llevo a una fonda de San Juan. El miraba embelesado lo que allí comían los parroquianos, algunas cosas que nunca había visto, y esperando ver con qué lo iba a obsequiar su tío. Este pidió un plátano maduro asado, el cual repartió entre los dos, mientras le decía, "Mijo, cómase todo esto y tome mucha agua que por esa no hay que pagar y mata el hambre."

Otro viaje que siempre recordare es uno que hice con mi familia al poblado de Aguirre. Siendo una niña, después de varios meses de arreglar frenos, cambios o "shock absorbers", mi papá nos llevó a visitar a un conocido suyo que trabajaba en la Central Aguirre. Eran muy pocos los viajes que se daban, así que esto era siempre motivo de excitación y desvelo. Llegamos al medio día a Aguirre donde nos estaban esperando con un delicioso almuerzo. Después del almuerzo y de la consabida sobremesa, nos montamos todos en el carro para ir a visitar la Central. La carretera por donde se llegaba a las casas de ésta, estaba bordeada de palmas reales con los troncos pintados de blanco, los patios eran enormes espacios de grama verde y suave que invitaban a correr por ellos. Nos llevaron a ver la piscina y las canchas de tenis, y yo me veía nadando en aquel estupendo sitio. Para mi dolor y frustración, el amigo de mi papá nos explico que sus hijos no podían usarla, ni nosotros, pues era solo para los hijos de los norteamericanos que trabajaban allí, y para unos pocos puertorriqueños que eran jefes grandes. Nos dijeron que igual pasaba en el teatro que tenía la Central: los norteamericanos y jefes puertorriqueños se sentaban en la primera planta; los otros en la planta alta... Fue la primera vez que supe que existía algo que después identifique con el nombre de prejuicio... Nunca olvidé esa experiencia".

Se impone regresar "al triste despertar" de la autora psicóloga para ofrecer una explicación del ritual del purgante, probablemente desconocido por la juventud del presente. Resulta casi increíble pero los padres y abuelos de la época consideraban que era necesario limpiar el organismo interno regularmente y señalaban un día fijo en el que se le daba purgante a todos los niños de la familia. Podía ser aceite de castor el que acostumbraban acompañar con una china diciendo que así no se detectaba el sabor. ¡Mentiras! Solo quien ha probado el aceite de castor puede conocer la sensación de esta substancia viscosa bajando por la garganta y ese sabor horrible que se repetía por horas. Amén de las horas que había que pasar corriendo al baño. El purgante también podía ser de citrato de magnesia, un líquido con apariencia y sabor a soda de fresas que era más llevadero, de sal sosa o de leche de Magnesia Phillips. El día señalado para dar purgantes se incluía hasta a las amigas o familiares que tuviesen la desdicha de estar en la casa. Casi igual de liberales eran las abuelas y madres con el uso de enemas y lavativas. Si se tenia un catarro fuerte, una fiebre alta, indigestión o hasta un dolor de estomago, preparaban una lavativa con jabón de Castilla y el pobre niño no podía decir ni "ay"...

Estas memorias de las autoras son descriptivas de la vida de la clase media del Puerto Rico de esa época y dista mucho de ser la realidad en que vivían un gran número de familias. En la década del treinta había muchos que pasaban hambre y tenían muchas necesidades. En las ciudades y pueblos, muchos trabajaban solo por la comida que le diesen para ellos y para llevar a su hogar. Las familias que tenían muchos hijos los repartían entre familiares que estuviesen mejor económicamente o los "entregaban" a servir en hogares pudientes, como se decía "por la comida y la muda de ropa", para evitar que muriesen de hambre. La tuberculosis era prevalente al igual que la anemia y toda clase de parásitos intestinales. Pocas personas tenían oportunidad de ir a la escuela y terminar un octavo grado, porque desde muy niños tenían que trabajar y porque muchas veces no tenían la ropa. Muchos niños asistían a la escuela descalzos. En los pueblos las escuelas eran accesibles pero en las zonas rurales era un inmenso sacrificio caminar por cerros, jaldas y cruzar quebradas para llegar a la escuela rural o a la segunda unidad.

Para fines de los años treinta se establecieron en Puerto Rico varios programas de ayuda social que proporcionaban empleos o alimentos a las familias necesitadas, entre estos la PRRA y la PRERA. Durante los años cuarenta surgieron empleos al establecerse campamentos militares y también muchos jóvenes ingresaron al ejército, voluntariamente, como manera de ganarse la vida, u obligatoriamente los llamaba al servicio. Los familiares que dependían del soldado comenzaron a recibir el "dependance", o sea, la ayuda económica del ejército para los familiares cuyo sustento era ese soldado, y esto mejoró grandemente la economía de muchas familias. Para esta época se amplio el panorama de trabajo abarcando un mayor numero de personas e incluyendo mujeres en empleos antes reservados para los hombres. Se facilitó el poder comprar hogares con préstamos para los veteranos o de tipo convencional. Se incrementó el programa de becas en los centros de enseñanza superior, (La Universidad de Puerto Rico en Río Piedras, el Colegio de Agricultura y Artes Mecánicas en Mayagüez, el Politécnico en San Germán hoy conocida como la Interamericana y a fines de los años 40 la Universidad Católica de Ponce), y jóvenes que no contaban con los recursos económicos necesarios, pudieron adquirir una profesión y mejorar su calidad de vida. De gran ayuda resultó ser también el programa de estudio para veteranos.

En los comienzos de la década de los cincuenta, los jóvenes Boricuas volvieron a participar en un conflicto bélico, el de Corea, que aunque oficialmente fue descrito como "acción policial", y no guerra, para todos los efectos sí lo era. Se volvió a vivir pendiente de las noticias. Ver acercarse a la casa un mensajero del telégrafo atemorizaba a todos pues por ese medio se informaba la muerte o desaparición en acción de un soldado. Luego de terminada la guerra, para 1953, mas veteranos regresaron con derechos de estudio y pensiones por heridas sufridas. Algunos de nuestros jóvenes decidieron permanecer en el ejército haciendo esta su carrera. Otros habían sido estacionados en campamentos en los Estados Unidos, Panamá y otros lugares, y decidieron establecerse en otros sitios.

En los campos la vida era dura y difícil. Aunque en las visitas a las fincas de los abuelos parecía un lugar de ensueño, no todo era así... Los hacendados vivían en casas de madera, grandes y cómodas. Con un balcón en tres lados donde colgaban hamacas y se ponían sillones para sentarse a conversar y descansar. Casi todas tenían enredaderas que daban sombra. Gran número de las grandes haciendas ya producían corriente eléctrica para su uso por medio de generadores que importaban a gran costo, con el uso de molinos de viento o por la canalización y fuerza de ríos que hacían mover las turbinas para producir la electricidad. De la misma manera adentro de la casa grande de los amos, se tenía agua corriente, traída de ríos o de pozos por un sistema de bombas. Tenían pues muchas de las mismas comodidades que disfrutaban en las ciudades. Ya que gran parte de estas haciendas no eran accesibles por las carreteras existentes, se vivía de manera casi auto-suficiente.

Cerca de la casa grande estaban ubicadas las "dependencias", (almacenes y maquinaria para procesar café o los frutos menores), y el glasil (grásil), una esplanada de cemento adonde se traía el café para secarse.

Los hijos de los hacendados eran enseñados en la casa, por su madre o por algún familiar que les daba los conocimientos básicos de lectura y escritura. Cuando ya estaban en la edad de ir a la escuela, algunos eran enviados a casas de familiares que viviesen en el pueblo y donde el niño pasaba la semana para poder asistir a la escuela. Los fines de semana regresaban a la hacienda. Otros, y en especial las hijas mujeres, eran internadas en colegios en las ciudades y visitaban la casa con menos frecuencia, por la distancia a que quedaban.

Esas familias dependían, para su subsistencia, de los productos que cosechaban y de los que producían para la venta, café, tabaco, caña o frutos menores. Si la cosecha no era buena porque hubiese sequía, tormentas o plagas de insectos, no habría productos que vender y no se recibía el ingreso necesario para mantener la familia y, más aún, la propia finca en funcionamiento. Era entonces necesario hipotecarla lo que traía consigo el riesgo de que si las próximas cosechas tampoco eran buenas, no se contase con el dinero para pagar los intereses de la hipoteca. Entonces el banco la ejecutaba. Fue así como gran cantidad de familias perdieron sus tierras y se relocalizaron en los pueblos y ciudades, comenzando los campos a vaciarse. Este era un lado duro de la vida rural, pero había otro aun más triste...

En las fincas las personas que realizaban las labores agrícolas casi siempre vivían en los mismos terrenos. Se les conocía como "agregados" o "arrimaos". Se les permitía trabajar el pedacito de tierra donde tenían su casita. Allí sembraban frutos menores y tenían algún animalito para su consumo o para venderlo. Las mujeres y las hijas trabajaban en la "casa grande" de la hacienda realizando las labores domésticas. En un gran número de fincas se les trataba con respeto y cariño, sintiéndoseles parte de la familia pero en otras se abusaba de ellos, especialmente de las mujeres, que con frecuencia eran blanco de los impulsos sexuales de los varones de la casa. Había también peones que trabajaban en la finca pero que vivían fuera de esta. Estos solo tenían trabajo en época de siembra y de zafra o recogido del fruto, quedando sin trabajo el resto del año. Ese era el "tiempo muerto" del que tanto se ha escrito...

Las casitas de los agregados eran de yagua y paja, muchas veces con piso de tierra apisonada denominado "el soberao", y cuando se podía, de madera barata de pichipén, pedazos de lata y planchas de zinc. Muchas de estas casuchas consistían de un área que hacia las veces de sala y comedor y otro espacio de dormitorio. Con suerte, se podría dividir ese dormitorio para dar alguna privacidad a los padres, de lo contrario toda la familia dormía allí, en hamacas los adultos y en "coys" los niños. Estas condiciones fueron mejorando y para fines de los 40 las casitas eran construidas de manera que llenasen mejor las necesidades de sus habitantes.

Las letrinas quedaban a cierta distancia de las casas y se hacían de tablas o de los pedazos de madera que pudiesen obtener. A este respecto abundan los recuerdos jocosos. Una familia había construido su letrina con tablitas de las cajas en que venían las barras de jabón azul. Estas cajas tenían en letras grandes, rótulos que decían JABON MOTEADO AZUL, REG. U.S. PAT. OFF. Posiblemente esto querría decir JABON MOTEADO AZUL, REGISTERED, UNITED STATES PATENT OFFICE. Se dio el caso que mirando esas letras en sus visitas a la letrina aprendieron a reconocerlas y hasta a leer. No se compraba papel sanitario...se usaban periódicos viejos, papel en el que envolvían el pan o pedazos de bolsas de papel, páginas de catálogos viejos de Sears o Montgomery Ward. Es también sabido que una tusa de maíz podía ser útil. Muchos se bañaban en el río ya que no tenían baños, aunque a veces podían tener una tina grande que se llenaba de agua y servía ese propósito. Necesario es recordar que el agua de los ríos, pozos o manantiales puede resultar terriblemente fría en los días de invierno, especialmente en las montanas...

El terreno alrededor de la casita era de tierra apisonada y se conocía como el batey. Allí era donde se reunían las familias al atardecer, para rezar, hacer cuentos y chistes o conversar. Algunos jugaban topos y en ocasiones tenían sus peleas de gallos. Como no tenían luz eléctrica usaban jachos, quinqués y linternas para alumbrarse. Las labores del día comenzaban al salir el sol y tan pronto obscurecía se recogían a dormir. Se decía que "se acostaban con las gallinas".

Donde había tanta necesidad todo se aprovechaba. La harina de trigo venía en bolsas de tela de algodón ordinario y las utilizaban para hacer los calzoncillos de los muchachos. Muchas veces en el trasero le quedaban las letras "10 LIBRAS NETAS" la marca de la harina "XXX". ¡Pobre del muchacho que tuviese que quedarse en esos calzoncillos frente a sus compañeros!

En todos los hogares, de ricos y pobres, se tenía el Almanaque Bristol que era la guía para saber cuando habría mal tiempo, las fechas de las fases de la luna para saber cuando sembrar y cuando cosechar, y las mareas. Era necesario también porque traía el santoral de cada día, o sea, cuales eran los santos para cada día del año. Esta era la guía a seguir para poner el nombre a los niños; se les daba el nombre del santo del día en que nacieron. Muy solicitados por la juventud eran los Cancioneros de la Sal de Picot, que venían de Méjico, y tenían las letras de todas las canciones populares del año.

El jefe de la familia iba una vez por semana al pueblo, a comprar y a hacer diligencias que fuesen necesarias. Las mujeres iban muy pocas veces y solo en ocasiones especiales, ya que el viaje había que hacerlo muchas veces a caballo hasta la carretera más cercana para luego proseguir en carro. Por los campos iban quincalleros que vendían telas, cintas, botones, hilos y otras necesidades; amoladores para hacer lo necesario con tijeras, machetes y otras herramientas; zapateros y hasta el barbero. Una vez al mes se presentaba éste, en ocasiones podía ser alguien de la misma finca, y no eran muy diestros así que recortaba de la misma forma a todos, siguiendo un estilo redondeado. Se decía que este efecto se lograba colocando una dita (fuente hecha de higuera) sobre la cabeza del cliente, y recortando a su alrededor. Este recorte aplicaba a ambos sexos. Curiosamente, el estilo es muy parecido a muchos que están hoy de moda. Los hacendados y sus hijos iban al pueblo a recortarse.

Entre los peones podría haber alguno que fuese dueño de un pedazo de tierra y que vivía un poco mejor que los "arrimaos", que trabajaban en las haciendas grandes mientras había siembra y cosecha y que luego se ocupaban de su terrenito. Estos no vivían con las comodidades de los hacendados pero se sentían orgullosos de poseer su propia casita y tierra, aunque fuese solo un par de cuerdas. Por lo demás, compartían las mismas necesidades y sufrimientos de los "arrimaos".

La gran mayoría de estas familias vivían en casas donde no tenían agua corriente y era necesario tener un pozo o aljibe para el agua de tomar y cocinar, o ir a buscarla al río. Por esto la mayoría de las viviendas en los campos estaban localizadas cerca de algún río o manantial. Para almacenar el agua se preparaban uno o dos barriles de madera, forrados por dentro con cemento, en los que se mantenía fresca lo cual era muy importante ya que a esas áreas no llegaba el servicio de hielo. La ropa se llevaba a lavar al rió, donde mientras masticaban tabaco, las mujeres las estregaban con paletas de madera, pencas de palma o contra lajas.

No había facilidades médicas cercanas y todas las familias por igual, dependían de los santiguadores y del conocimiento que se tuviese del uso de plantas medicinales. Los guarapos, cataplasmas, ventosas y baños de plantas, consistían su botiquín. Se utilizaban plantas que conocemos: la albahaca, cuya semilla puesta dentro del ojo en que hubiese caído una paja lograba sacarla; la hoja del achiote colocada sobre la frente para el dolor de cabeza; las hojas de morera en té para la diabetes; las de bruja cuya sabia tibia se echaba en el oído que dolía. Cuando el enfermo tenía un dolor de pecho o vientre debido a gases, se le ponía una ventosa. Esta era una técnica muy especial: se le untaba con aceite el área afectada; sobre una moneda se colocaba una velita encendida y se cubría con un vaso de vidrio que se movía por toda el área. Como resultado, la piel y los tejidos adyacentes se introducían dentro del vaso y se podía oír cuando los gases eran así succionados. Los santiguadores usaban mezclas de aceites y plantas medicinales, moviendo las partes afectadas mientras oraban. Cuando la enfermedad o el accidente era muy grave, se acostaba al enfermo en una hamaca, "parijuela", que se cargaba entre dos hombres, cruzando montes y ríos hasta llegar al pueblo más cercano para encontrar un médico. Muchos llegaban muertos. Los niños nacían en el hogar siendo atendida la madre por una comadrona. (Las comadronas también se usaron en los pueblos hasta fines de los años treinta).

La alimentación en la ruralía era a base de lo que allí se produjese. Se compraba en el pueblo el bacalao y arenques, la sal, el arroz, azúcar refinada y mascabado, el aceite de oliva y vinagre. Las carnes ahumadas o enlatadas se compraban para ocasiones especiales. Las carnes que se consumían eran las de los animales que se mataban en la finca. El queso y la mantequilla se preparaban en la casa. Hasta el jabón era muchas veces hecho en la finca. Como en todos los sitios, los dueños de la finca comían bien, de manera muy similar, o mejor, que sus hermanos del pueblo, ya que tenían acceso a más variedad de alimentos frescos. Los pobres se desayunaban con un poco de café negro, acompañado de un sorullo de maíz o plátano asado guardado de la noche anterior. A media mañana, todos, ricos y pobres, comían la parva. Esto eran viandas hervidas con bacalao, que a los trabajadores les llevaban al campo, a veces suplido por los amos, pero, en otros lugares, por el propio trabajador y llevado al campo por alguno de sus hijos. Por la tarde la cena era temprano; a las seis para los de la casa grande; tan pronto llegaban a su casucha para los obreros. Podía consistir de alguna sopa o guiso de lo que hubiese disponible. En la casa grande habría sopa, carne y frituras, arroz y habichuelas y postre. En muchos lugares el trago de café puya y algún guanime era todo el alimento del día.

Ya para los años cincuenta había electricidad y agua corriente en casi todos nuestros campos. Las carreteras daban mayor accesibilidad a los pueblos y a los servicios que allí se ofrecían. Hubo reformas sociales mediante las cuales se les daba una parcela de terreno a seleccionadas familias y se les proporcionaba ayuda para construir una casita. Desgraciadamente, ya para ese entonces muchas personas que habían vivido en los campos por generaciones, se habían desesperado ante la miseria que sufrían y se habían ido a los arrabales de las ciudades en o fuera de Puerto Rico.

En los pueblos surgió el concepto de urbanizaciones y se llenaron de casas de cemento, todas iguales, con sus ventanas Miami, pero aun sin rejas... Esas vinieron después...

Estos son solo algunos de nuestros recuerdos. Esperamos, como al principio se comentara, que le estimulen a darle forma a los suyos.

Bebidas y Entremeses

Bebidas y Entremeses

Para muchos de nosotros el primer aroma que percibimos al despertar es el del café. Desde nuestra temprana infancia aprendimos a identificar el olor al café y sabíamos cuando lo estaban colando por el olor que llenaba toda la casa.

El café se sembraba en las laderas de las montañas y a la sombra de árboles de guaba donde desde marzo hasta mayo se veían cubiertos de las blancas flores que luego se convertían en los granos del café recogiéndose comenzando en agosto y terminando en diciembre. El ambiente de la montaña era festivo y se oían las décimas que surgían de los recogedores. Se establecían controversias y muchas parejas se declararon el amor al son de coplas. La fiesta del "acabe" era la celebración por haber terminado la cosecha y todos los que habían participado en la misma compartían con entusiasmo.

El grano del café se lavaba, se ponía a secar al sol en el glásis (grási), plazoleta amplia donde se esparcía y se movía hasta que el sol lo secaba. Se pilaba a mano para sacarle la cáscara pasando luego a tostarlo. Para esto se echaba en un caldero grande, y por largas horas, se movía con una cuchara de madera. Se mezclaban los aromas del café y el humo de la leña del anafre o fogón. Había la convicción que la persona que había estado tostando el café, no podía salir "a coger sereno" o a lloviznarse porque le podía dar un "pasmo". Después de tostado, el café se guardaba en sacos y luego se molía en el molinillo de mano para obtener la harina. Para colarlo se usaba el tradicional colador de tela, o manga, hecho de balleta o alguna tela gruesa y en forma de cono. Prepara un café "colao" y veras como es cierto lo que dice la canción "el aroma del café te hace cosquillas".

Incluímos en este capitulo recetas de chocolate, de refrescos, de algunas bebidas alcohólicas y una parte dedicada a tés y guarapos. Estos fueron parte de nuestras tradiciones y así se los ofrecemos, no por sus propiedades medicinales que no podemos asegurar, pero si por los recuerdos que evocan.

El uso de entremeses y aperitivos no era común en el Puerto Rico de años atrás. Se acostumbraba servir algunas frituras, quesos, emparedados y canapés. Las frituras eran servidas en jiras, pasadías y especialmente en las Navidades mientras se esperaba que el lechón estuviese asado.

Parte de nuestra tradición culinaria son los emparedados. Los de mezcla se pueden preparar de varias clases de ingredientes para su relleno y les incluímos varias recetas. El pan deberá ser preferiblemente pan que haya sido horneado el día anterior. Los emparedados de mezcla puede ser cerrados, cuando se coloca el relleno entre dos tajadas de pan y luego se corta en la forma deseada; enrollados cuando el pan se corta en tajadas a lo largo, se rellenan y se enrollan; o cuando el relleno se coloca sobre una tajada de pan quedando descubierto el mismo, y que se conocen como canapés.

Es importante recordar que si la receta que usa lleva mayonesa como uno de sus ingredientes, debe refrigerar hasta el momento de consumirse. No se podrá colocar la bandeja sobre una mesa y permitir que permanezca a temperatura ambiente por más de unos minutos. Para los emparedados más completos, que pueden substituir el plato principal del almuerzo o cena, usamos pan especial o pan criollo y damos uso a los ingredientes que tengamos a mano. Carnes o aves que nos hayan sobrado, embutidos, tocineta bien tostadita, los ingredientes de su preferencia.

Limonada

Jugo de 6 limones verdes   **6 tazas de agua**
1 taza de azúcar

(La mejor manera de sacar el jugo de los limones es colocándolos en el horno microondas por 10 o 15 segundos. Exprima tan pronto los retire del horno.) Mezcle bien los ingredientes y sirva bien frío, con hielo. Puede adornar con una cereza. Rinde 6 a 8 vasos.

Refresco de Acerola

2 tazas de acerolas maduras   **1/2 taza de azúcar**
4 tazas de agua

Lave bien las acerolas. Remójelas en una taza de agua por 1/2 hora. Májelas en un colador añadiendo el agua poco a poco. Añada el azúcar. Sirva bien frío, con hielo picado. Adorne cada vaso con una acerola. Rinde de 4 a 6 vasos.

Refresco de Tamarindo

1/2 libra de tamarindo   **6 tazas de agua**
2 tazas de azúcar

Mezcle el tamarindo con una taza de agua y deje reposar un rato. Si el tamarindo tiene semillas, vaya moviéndolo y majándolo hasta separarlas. Cuele. Eche el resto del agua, poco a poco, en el colador, removiendo bien las semillas o fibras que queden. Añada el azúcar y enfríe. Sirva con hielo picado. Rinde 8 vasos.

Refresco de Avena

1 taza de avena   **1 taza de azúcar**
6 tazas de agua   **1 cucharadita de vainilla**
1 taza de leche

Remoje la avena en el agua por 30 minutos. Cuele haciendo presión con la cuchara contra el colador para sacar bastante avena. Añada los otros ingredientes y mezcle bien. Sirva bien frío. Si no lo usa todo, guárdelo en la nevera y mezcle bien antes de servir. Puede servirlo con hielo picadito y adornar el vaso con una cáscara de limón o con hojitas de menta o china. Dá 6 o 7 vasos.

Refresco de Guanábana

1 guanábana grande   **4 tazas de agua**
1 taza de azúcar

Monde la guanábana. Remueva el corazón y divídala en trozos. Remoje en agua por 30 minutos o más. Maje a través de un colador y vaya removiendo las semillas. Pase y maje por el colador varias veces. Añada azúcar. Mezcle bien y sirva bien frío. Si gusta puede servirlo con hielo picadito. Adorne con una cáscara de limón. Rinde de 6 a 8 vasos.

Puede luego de remojarla, licuarla a velocidad bien baja y las semillas se separan solas. Remuévalas, aumente la velocidad por un minuto. Añada el azúcar y bata por otro minuto. Cuele.

Champola de Guanábana

Se sigue el mismo procedimiento de la receta de refresco de guanábana, pero se substituye 1 taza de leche por una de las tazas de agua.

Champola de Guayaba

Se usa jugo de guayaba y se sigue el procedimiento anterior.

Limbers

Con cualquiera de las recetas de refrescos puede hacer los famosos "limbers" si les añade otra 1/2 taza de azúcar y se ponen a congelar en las cubetas de hielo o en envases pequeños.

Horchata de Ajonjolí

2 tazas de ajonjolí   **3 tazas de agua caliente**
3 tazas de agua   **1 taza de azúcar**

Lave el ajonjolí y remoje en las 3 tazas de agua por varias horas. Escúrralo y muélalo en un mortero. Añádale el agua caliente y páselo por una servilleta de tela exprimiéndolo para sacar la leche. También añada el agua donde lo remojó. Añada el azúcar y sirva bien frío. Mueva bien antes de servir. Adorne con hojitas de menta. Rinde de 8 a 10 vasos.

Hoy se puede hacer más fácilmente. Luego de remojar vaya pasando por la licuadora. Siempre cuele al final por si le queda alguna partícula más grande. ¡Ventajas de nuestro tiempo!

Mabí (Maví) *

3 tazas de agua   **1 1/4 taza de mabí (se conoce**
1 onza cáscara de mabí   **como pié)**
1 taza de azúcar negra   **2 tazas de agua caliente**

Hierva la cáscara de mabí con las 3 tazas de agua, por 5 o 6 minutos, hasta que el agua se vea amarillosa. Cuele y bata (con cucharón o batidor de huevos) hasta que forme espuma. Mezcle sin tapar, y guarde fuera de la nevera por 24 horas. Para evitar que le caigan insectos, cúbralas con papel. Después que haya subido guarde en la nevera y sirva bien frío. Rinde aproximadamente dos litros.
*Se encuentra escrito de ambas maneras.

Sangría

1 1/2 taza de vino tinto
1 taza de azúcar

1/2 taza de jugo de limón verde
3 tazas de agua

Mezcle bien todos los ingredientes y sirva bien fría. Hay muchas variaciones para preparar la sangría. Hay quien hierve el agua, azúcar y rajas de canela, las enfría y añade el resto de los ingredientes. También se puede preparar con vino blanco en vez de tinto. Se sirve en una jarra donde se colocan pedacitos de chinas o manzanas. Da 6 vasos.

Ponche de Jugo de Uva

2 yemas de huevo
2 cucharadas de azúcar

3/4 taza de jugo de uva

Se baten bien las yemas y se le añade el azúcar poco a poco y batiendo bien. Se mezcla con el jugo de uva frío, batiendo hasta que una.

Black Out

Coca Cola

2 bolas del mantecado de su preferencia

En un vaso de 8 onzas eche el mantecado. Termine de llenar el vaso con Coca Cola bien fría. Mezcle bien y sirva con sorbeto.

Bul

6 botellas de 1 litro de cerveza
3 botellas de Ginger Ale
3 botellas grandes de jugo de uva,
(10 tazas de jugo de uva)

1/4 de taza de jugo de limón verde
4 litros de jugo de china
6 tazas de azúcar
Cáscara de 2 limones
2 latas grandes coctel de fruta

Tenga todos los jugos y líquidos bien fríos. Disuelva el azúcar en 2 tazas de algunos de los jugos, preferiblemente mezcle temprano en el día y deje reposar. Puede mezclar los jugos con anterioridad y al momento de servir le añade las cervezas, el ginger ale y ensalada de fruta.

Se necesita un recipiente grande para preparar esta receta. Es magnifica para una fiesta con muchos invitados, porque rinde cerca de 75 vasos de 6 onzas. En la mesa donde lo vaya a servir, pone una "bulera" de cristal la cual coloca en una bandeja preferiblemente redonda, la que puede adornar con ramas, hojas y frutas, según la ocasión. Por ejemplo, en las Navidades lo puede rodear con ramitas del árbol de navidad o de algún otro pino y colocarle algunos adornos brillantes entre las hojas. (Solo esté segura que no caigan dentro del bul.)
Se ve muy bonito si se prepara un molde de hielo decorativo. Seleccione un molde de forma atractiva y que quepa bien en la "bulera". Ponga un poco de agua o jugo

de fruta en el molde y ponga a congelar. Cuando este casi congelado, le coloca cerezas en la forma que le parezca mas atractiva y lo deja congelar completamente. Repita el procedimiento varias veces usando distintas frutas, hojas y hasta flores para decorarlo. Al usarlo sumerja el molde por un segundo en agua tibia y luego voltee y coloque en la "bulera".

Si la receta le pide cáscara o ralladura de limón verde esté segura que solo utiliza la parte verde de la cáscara. Si incluye la parte blanca le da un amargo desagradable.

Licor de China

3 chinas verdes   **1 botella de Vodka**
3/4 taza de azúcar

Lave bien las chinas, sin pelarlas. Coloque en un recipiente de cristal, con boca ancha y tapa, preferiblemente plástica. Vierta el azúcar y el Vodka. Agite bien. Deje añejar por 7 días, agitando la botella (bien tapada), dos veces al día. Cuele y guarde en botellas decorativas. Sirva con hielo picado, como aperitivo o como digestivo.

Cuba Libre

Se dice que para los años 20 un grupo de norteamericanos se encontraba trabajando en unas minas de níquel en el interior de Cuba, y se encontraron allí con abundante ron, allí producido, y las Coca Colas que les enviaban con suministros. Las mezclaron y surge la bebida que en honor al país donde se encontraban, que había obtenido su libertad de España en el 1898, llamaron Cuba Libre. En Puerto Rico fue recibida con gran entusiasmo y pronto se volvió una de las favoritas.

2 onzas de ron   **Coca Cola**
Jugo de limón verde   **Hielo**

En un vaso de 8 onzas coloque 4 cubos de hielo. Añada los ingredientes y mezcle bien.

Piña Colada

1 onza crema de coco   **1 1/2 onza ron blanco**
2 onzas jugo de piña   **Hielo picado**

Mezcle los ingredientes en licuadora hasta que queden de la consistencia de su preferencia. Algunas personas lo prefieren estilo frappé y en ese caso se le añade mayor cantidad de hielo triturado al mezclarlo en la licuadora. Otros lo prefieren con cubos de hielo, en las "rocas". Sirva y adorne con un pedazo de piña. Esta bebida fue creada en Puerto Rico y se ha convertido en una favorita en todo el mundo, se consigue la mezcla a la que solo hay que añadir el ron.

Coquito

La leche para hacer el coquito puede obtenerla sacándola usted misma del coco seco, usando la crema de coco congelada o la leche de coco enlatada. Cualquiera de estas puede substituir la leche de coco de estas recetas. Si usa el sirop de coco, debe tener alguna receta que así lo pida o tendrá que alterar la suya ya que esta contiene mucha azúcar. Si decide sacar la leche de coco, este es el procedimiento:

A un coco bien seco le hace dos rotitos con un clavo o barrena para sacarle el agua, la cual puede recoger en una taza. Rompa el coco en varios pedazos, (puede usar un martillo). Póngalos en un horno caliente (300 grados) por 5 minutos, para facilitar despegar la tela. Con un cuchillo grueso vaya separando la tela del coco hasta removerla toda. Los pedazos que obtenga los ralla usando el rallo (guayo) o páselo por el procesador de alimentos o licuadora, poco a poco y añadiendo agua del coco según sea necesario. Añada 1 taza de agua caliente. Exprima usando una servilleta o toalla de tela fina para sacar la leche. Debe de obtener 2 tazas de leche de coco.

12 yemas de huevo   **2 tazas de leche de coco**
1 taza de azúcar   **2 cucharaditas de vainilla**
2 latas de leche evaporada   **1 litro de ron blanco**
1 lata de leche condensada

Coloque en la batidora las yemas y el azúcar batiendo hasta que estén blancas y cremosas. Añada y mezcle la leche evaporada luego la leche condensada y la leche de coco hasta que unan bien. Añada la vainilla y el ron, poco a poco, batiendo a baja velocidad. (Puede salpicar fuera del recipiente así es que hágalo con cuidado). Vierta en botellas de cristal, tape bien y refrigere. Tendrá 2 1/2 litros.

Recuerde que la leche del coco se endurece cuando se enfría así que cuando lo vaya a servir deberá de sacarlo de la nevera, unos minutos antes de servirlo y batirlo bien.

Bilí

20 a 30 quenepas   **1 litro de ron blanco**
3/4 taza de azúcar

En una botella de cristal, con tapa ancha, coloque las quenepas luego de quitarles la cáscara. Añada el azúcar y el ron. Tape y mueva bien. Todos los días agite suavemente la botella. Deje añejar por 3 o 4 semanas.

Si desea le puede añadir la cáscara de 4 limones verdes.
La tapa de la botella debe ser plástica y no de metal. Para remover las quenepas utilice una cuchara de madera o plástica, no de metal. Se sirve en copitas o vasos pequeñitos.

Ron en Coco

1 coco seco, grande   **Ron blanco**

Con una barrena se le hace una perforación al coco en uno de los ojos. (Ojos son las marquitas que tienen en la parte superior.) Se vacía el agua y se deja escurrir bien. Con un embudo llena el coco con ron. Selle la perforación con cera. (Puede derretir una vela y utilizar esa cera o esperma.) Cuando la cera esta dura, entierre el coco cubriéndolo con tierra en un lugar seco y donde reciba mucho sol. (Si vive en apartamento puede utilizar un tiesto con tierra.) Déjelo enterrado por un mes.

Cuando lo saque, remueva la cera, cuele y vacié en un recipiente limpio. Tómese a temperatura ambiente en pequeñas dosis.

Puede repetir el procedimiento utilizando el mismo coco.
Sugerimos que prepare 2 o 3 cocos a la vez y obsequie a sus amistades con uno.
¡Causará sensación!

Chocolate para Ocasiones Especiales

8 onzas de chocolate dulce, rallado
8 tazas de leche
1 lata de leche evaporada (14 onzas)

2 yemas batidas
1/2 cucharadita de vainilla
Raja de canela (opcional)

En cacerola para baño de María, mezcle el chocolate con una taza de leche. Hierva y mueva bien hasta que el chocolate disuelva y mezcle bien. Agregue toda la leche, incluyendo la evaporada. Antes de que vuelva a hervir, añada las yemas batiendo bien rápido. Bata con un batidor o cucharón por 3 minutos. Cuando lo retire del fuego le añade la vainilla. (Si gusta de usar la canela, coloca la raja en la leche cuando disuelva el chocolate.) Sirve de 12 a 15 tazas.

Café Colao

2 tazas de agua   4 cucharadas harina de café

Ponga a hervir el agua- (Puede añadir un poco de café ya colado si es del día anterior pero no mas viejo) Cuando hierva agregue la harina de café. Déjelo que suba y puede batirlo un poco con una cuchara. Cuele en la manga. (En distintos pueblos se conoce como colador o media). Deje escurrir bien.

Si desea el café más fuerte, le añade harina de café. Si lo desea mas "aguao" o "ralito", le echa mas agua. El café se toma con o sin azúcar (puya), con leche o negro. El café que no vaya a usar de inmediato debe de guardarse en un pote de cristal, tapado. Dura fresco por aproximadamente 12 horas.

Tés o Guarapos

Recordando que no somos nutricionistas, farmacéuticas o químicas, les incluimos algunas recetas que han sido populares en nuestras tradiciones de pueblo. Aún hoy día hay muchas personas que las utilizan y es posible que muchas de estas bebidas posean verdaderas cualidades medicinales, pero nosotras no podemos asegurarlo.

Se lava bien la hoja, raíz o flor con la que se vaya a preparar el té. Se colocan en una cacerolita con suficiente agua para que las cubra por completo. Se coloca en la estufa, a fuego alto hasta que empiece a hervir, se tapa y se baja la temperatura lo más que se pueda dejándolo así por 15 minutos. Se endulza a gusto con azúcar blanca, negra o con miel de abeja. Se sirven calientes o fríos, según las indicaciones a seguir.

Té de Anís Estrellado

Para una taza de té, utilice 5 estrellas de anís y una taza de agua. Siga las indicaciones. Este té era utilizado para eliminar los gases y se debe tomar calientito. En algunos países se hierve una rosita de anís en medio litro de agua y se le da a los bebes que padecen de gases.

Té de Flores de Manzanilla o Tilo

Dos cucharadas de flores para una taza de agua. Supuestamente actúan como tranquilizantes y ayudan a dormir.

Té de Menta o Guanábana

Se usan 5 o 6 hojas de menta o si es de guanábana, se deben utilizar los renuevos o cogollos, en 1 1/2 tazas de agua. Los utilizaban para la indigestión y malestares estomacales.

Té de Hojas de Morera

Se hierven 8 a 10 hojas en 3 tazas de agua. Siga las indicaciones. Guarde en la nevera y tome fría varias veces al día. Esta receta se decía ayudaba a bajar el nivel de azúcar en la sangre. Al igual los tés de recao. Naturalmente ninguno de estos se endulzan, o si es necesario, tendría que usar un substituto del azúcar.

Té de Hojas de Paletaria

Se usa aproximadamente 1/2 taza de hojas. Se lavan bien y se preparan en té con un litro de agua, o simplemente se colocan en un pote de cristal con esa misma cantidad de agua, se tapa y se guarda en la nevera por un día. Después de un día se toma, en vez de agua. Lo utilizaban mucho para "refrescar" el estomago y para aliviar irritaciones urinarias.

Guarapo de Hojas de Naranjo

Usar 3 o 4 hojas de naranja agria en una taza de agua. Se toma tibio y era usado como tranquilizante.

Guarapo de Jengibre

Lave y machaque bien un pedazo de jengibre. Para una taza de té puede usar un pedazo de jengibre fresco como de 2 pulgadas de largo. Hierva en una taza de agua y siga las indicaciones. Puede añadirle 1/2 taza de leche caliente cuando ya este hecho y endulzar. Tomar bien caliente. Se acostumbraba a usarse para dolores de menstruación, catarros o en noches frías, para calentarse.

Almojábanas

24-30 almojábanas

1 taza harina de arroz	3 cucharadas polvo de hornear
1 taza leche	1/2 libra queso blanco rallado
3 huevos	1 cucharadita sal
1 cucharada mantequilla derretida	1/2 taza queso parmesano
	Aceite para freír

    Mezcle la harina, sal y polvo para hornear. Añada a la leche y deje reposar 1 hora. Añada los huevos, uno a uno y la mantequilla derretida y deje reposar 1/2 hora. Poco antes de freírlas le añade el queso y mezcla bien. Fría en aceite caliente por cucharadas. Escurra bien.

    Para que se le facilite rallar el queso blanco póngalo en el congelador hasta que esté bien duro, luego proceda a rallarlo.

Sorullitos

36 sorullitos

2 tazas de agua	1 taza de queso de bola rallado
1 1/2 taza de harina de maíz	aceite para freír
1 1/4 cucharadita de sal	

    Ponga el agua a hervir con la sal. Cuando hierva, retire del fuego y añada la harina mezclando rápidamente. Ponga a fuego lento, moviendo con cuchara de madera hasta que la masa despegue del fondo y lados de la cacerola o caldero. Retire del fuego y añada el queso mezclando bien. Deje refrescar. Coja cucharadita de la mezcla y con las manos le da forma de cigarro o sorullo. Fría en aceite abundante, bien caliente. Escurra en papel absorbente. Sirva caliente.

Bolitas de Bacalao

16-20 bolitas

1/2 libra de filete de bacalao	1 libra de papas
1 cebolla picadita	1 huevo
1/2 barrita mantequilla	perejil
1 sobre de sazonador con recao y achiote	sal y pimienta
harina	aceite para freír

    Ponga el bacalao en remojo desde la noche anterior. Hierva el bacalao y las papas peladas, hasta que estén blandas. Muela o maje las papas, el bacalao, cebolla y perejil en procesador de alimentos, maquina de moler, o a mano. Añada el sazonador, huevo ligeramente batido y sazone a gusto. Mezcle todo bien y deje refrescar. Forme bolitas. Envuelva en harina y fría en aceite caliente. Puede congelarlas, (después de fritas) y luego calentarlas en horno a 300 grados.

Bacalaitos
24 bacalaitos

1/2 libra filete de bacalao
1 1/2 taza de harina de trigo
1 1/2 taza de agua
3 dientes de ajo molidos

1 cucharadita de polvo de hornear
sal y pimienta al gusto
aceite para freír

Remoje el bacalao en agua por varias horas. Cambie el agua y ponga a hervir. Cambie el agua una vez más y deje que vuelva a hervir. Retire del fuego, lave con agua fresca escurra y desmenuce.

Mezcle la harina, sal, polvo de hornear y añádale el agua poco a poco para unir bien. Añada los ajos y el bacalao. Sazone con sal y pimienta al gusto.

Fría por cucharadas en aceite abundante y bien caliente. Deje que se doren bien. Escurra con un tenedor de freír cuando los vaya a sacar y luego coloque en un papel absorbente.

Bolitas de Queso
80 bolitas

1 queso de bola de 4 libras
10 claras de huevo
7 cucharadas de harina de trigo

polvo de galleta
aceite para freír

Rallar todo el queso o pasarlo por el procesador de alimentos. Batir las claras a punto de merengue. Mezclar bien las claras con el queso y la harina. Formar bolitas y pasar por el polvo de galleta. Freír en abundante aceite caliente. Si lo desea puede congelarlas antes de freírlas.

Antojo de Berenjena

2 berenjenas medianas
2 cebollas grandes picaditas
1 taza de aceite de oliva
1/2 taza de vinagre

2 hojas de laurel
alcaparras pequeñas
sal y pimienta

Monde las berenjenas y corte en cuadritos. Hierva en agua con sal por 5 minutos, escurra bien y mezcle con los otros ingredientes. Enfríe y sirva a temperatura de salón con galletitas.

Aceitunas al Ajillo

1 pote (7onzas) aceitunas verdes sin semilla
1 pote (7onzas) aceitunas negras sin semillas

8 dientes de ajo machacados
1/2 taza aceite de oliva
6 hojas de laurel
sal y pimienta

Escurra bien las aceitunas, todos los ingredientes y guarde bien tapado en pote de cristal, por varios días. Mueva ocasionalmente. Sirva a temperatura ambiente.

Chorizos en Conserva

6 chorizos
1 pote pequeño conserva de albaricoques

2 cucharadas Salsa Inglesa
2 cucharadas aceite de oliva
1 cucharada mostaza en polvo

Corte los chorizos en tajadas y sofría en aceite. Añada los otros ingredientes, baje el fuego y cocine de 5 a 6 minutos. Sirva a temperatura ambiente. tapado, a fuego lento por 5 minutos. Agregue el perejil. Revuelva bien y sirva.

Bolitas de Panapén
12- 16 bolitas (según el tamaño de la pana)

1 pana
1 pimiento verde picadito
2 cucharadas harina de trigo
1 cebolla picadita

3 ajos picados
sal y pimienta
harina para empanar
aceite para freír

Monde y hierva la pana en agua con sal hasta que esté blanda. Maje tan pronto retire del fuego. Mezcle con los otros ingredientes y sazone a su gusto. Deje refrescar la mezcla. Forme bolitas, pase por harina y fría en aceite caliente. Escurra en papel toalla y sirva calientes. Puede congelarlas antes de pasarlas por la harina. Las remueve del congelador, las enharina y las fríe congeladas.

Buñuelos de Ñame
6-8 buñuelos

1 libra de ñame rallado
3 cucharadas harina
1 cucharada sal

2 huevos batidos
aceite para freír

Mezcle bien todos los ingredientes. Fría por cucharaditas en aceite bien caliente. Deje escurrir en toallas de papel. Sirva calientitos. Si lo desea, puede polvorear con azúcar o servirlos con almíbar.

Rellenitos de Plátano Maduro
8-9 rellenos

3 plátanos maduros
queso blanco rallado, o de bola

aceite para freír

Hierva los plátanos en agua de sal. Cuando estén bien cocidos y blanditos, los escurre y maja inmediatamente, con un tenedor o majador. Deje refrescar. Colóquese 1/2 cucharada de mezcla en la mano, que deberá estar húmeda. Riéguela en su mano y coloque queso en el centro. Cubra bien el queso con el plátano, dándole forma de bola. Pase por harina y fría en aceite caliente. Escurra en papel absorbente. Si los plátanos quedan muy blandos al majarlos, puede añadir tres cucharadas de maicena y mezclar bien con la masa. Puede también rellenar con picadillo de carne. Puede hacerlos mas grandes si los va a usar como plato principal.

Alcapurrias
16 alcapurrias

3 plátanos bien verdes
1 libra de yautía
3 cucharadas de manteca con achiote (Ver sección sofrito y Adobo)

1 cucharada de sal
2 tazas de picadillo (carne para relleno) (Ver sección Carnes)
aceite para freír

Monde los plátanos y la yautía. Remoje en agua de sal. Rállelos a mano o en el procesador de alimentos. Añada la sal y la manteca. (El achiote se puede preparar con aceite vegetal y se obtiene el mismo resultado.) En una hoja de plátano que ha pasado por el fuego, riega un poco de manteca de achiote. (Si no tiene hoja de plátano la puede substitur por papel encerado). Extienda una cucharada de la masa y eche una cucharadita de relleno en el centro. Doble en forma alargada cuidándose de que todo el relleno quede cubierto por la masa. Fría en aceite caliente, bien abundante. Dore bien por ambos lados, y luego baje el fuego y deje cocer. Escurra en papel absorbente y sirva caliente.

Para fiestas las prepara pequeñas. Para servir como plato principal o de merienda las prepara usando 2 cucharadas de masa y 2 cucharaditas de relleno. En vez de picadillo de carne puede rellenar con carne de jueyes.

Mofonguitos
16 mofonguitos

8 guineos verdes
4 ajos molidos
harina para empanar

chicharrones o tocineta
sal y pimienta
aceite para freír

Hierva los guineos en agua con sal. (Si gusta puede hervirlos en su cáscara), dándoles un corte a lo largo del guineo y removiendo las puntas. Le añade un poco de leche al agua de sal en que los hierva). Maje bien los guineos y añada el ajo y los chicharrones, o tocineta, triturados. Forme bolitas. Pase por harina y fría en aceite caliente. Sirva calientitos. Puede congelar y luego calentar en horno convencional o microondas.

Pastelillos
20 pastelillos

2 tazas de harina de trigo
1 cucharadita de sal
1/4 cucharadita de polvo de hornear

1 huevo batido
2 onzas de agua
2 onzas leche
harina para espolvorear

La mezcla del huevo batido, agua y leche debe dar 6 onzas de líquido. Cernir la harina, la sal y el polvo de hornear y añadirle la cucharada de aceite. Esto formara unos grumos que se amasaran con la mano para romperlos, espolvorear con harina hasta que no se peguen a las manos. Se añade la mezcla de agua, leche y harina y se continua amasando y espolvoreando con harina hasta formar una bola de masa. Se deja descansar la masa poniéndola en la nevera por 30 minutos. Se prepara la mesa de trabajo, espolvoreando harina a la mesa y al rodillo. Se extiende la masa sobre la mesa hasta que tenga un espesor fino pero que no ser rompa. Se corta alrededor del pastelillo redondo. Se añade el relleno deseado y se dobla formando un semicírculo. Se humedecen con los dedos las orillas para que se peguen y con un tenedor se le hacen unas estrías. Se fríe en aceite caliente hasta que suban u cojan un bonito color dorado. Relleno puede ser de :

1. **carne molida guisada**
2. **pollo guisado en tiritas**
3. **de queso de cualquier clase**
4. **de guayaba (pasta)**

Gandules en Escabeche

2 latas de gandules
12 ajíes dulces
10 granos de ajo
1 1/2 taza de aceite de oliva

12 hojas grandes de recao
1 cebolla grande
3/4 taza de vinagre
sal y pimienta

Escurra y enjuague los gandules. Corte bien pequeñitos los ajíes dulces, cebolla, ajos y hojas de recao. (Si lo desea puede pasarlos por el procesador, pero teniendo cuidado de no licuarlos). Mezcle bien todos los ingredientes y guarde tapados por lo menos un día. Sirva a temperatura ambiente con galletas o tostaditas.

Guineos en Escabeche

24 raciones

24 guineos verdes
Salsa:
2 tazas de aceite de Oliva
6 granos de pimienta
3 hojas de laurel

1 cucharadita de jugo de limón
1/2 taza de vinagre
1/4 cucharadita de sal
1 libra de cebollas
6 dientes de ajo machacados

Hierva los guineos en agua con sal. Puede añadir una cucharada de leche al agua. Cuando estén blandos, deje refrescar y corte tajadas como de 1 pulgada. Mezcle el aceite, vinagre, laurel, pimienta, ajo y sal en una cacerola. Corte las cebollas en ruedas finas y añada. Hierva y luego baje el fuego, tapando y dejando como por media hora en la estufa. Deje enfriar y vierta sobre los guineos hervidos. Tape bien y puede guardarlos por varios días. Puede añadirle una libra de filete de bacalao que ha dejado en agua de un día para otro. Ponga a hervir, cambiando el agua varias veces para quitarle mucha de la sal. Desmenuce y añada el escabeche de guineos. Tape bien y mueva de vez en cuando.

Longanizas Fritas

1 longaniza   **aceite para freír**

Corte la longaniza en pedazos de una pulgada. Caliente aceite en un sartén o caldero y cuando este caliente eche los pedazos de longaniza. Voltee para que se cuezan por todos los lados. Suba la temperatura para tostar. Escurra en papel absorbente.

Morcillas Fritas

1/2 libra de morcilla   **aceite para freír**

Eche aproximadamente 1 de taza de aceite en un sartén grande y caliente moderadamente. Acomode la morcilla entera, casi siempre se enrosca, y la dora y cocina por un lado y luego la voltea repitiendo el procedimiento por el otro lado. Cuando ya esté cocida suba la temperatura y deje tostar unos minutos. Saque del aceite, escurra en papel absorbente y corte en trocitos de una pulgada o pulgada y media.

Mollejas en Vino

6-8 raciones

2 libras de mollejas de pollo   **1 libra de cebolla picada**
2 onzas de mantequilla   **1 taza de caldo de pollo**
1 taza vino tinto   **1/4 taza aceite de oliva**
1 cucharadita de sal   **1/2 cucharadita ajo granulado**

Limpie las mollejas y corte en cuatro. Mezcle todos los ingredientes y cocine en olla de presión o hierva en olla tapada hasta que las mollejas ablanden, aproximadamente, 1 hora. Sirva calientes. Si quiere usarlas como plato principal, sirva con arroz blanco.

Carne Fiambre

1 libra de carne de cerdo molida   **1/4 cucharadita pimienta**
1/2 libra de jamón cocinar molido   **1/4 cucharadita nuez moscada**
4 huevos   **3/4 taza polvo de galleta**
1 cucharadita de sal   **azúcar negra (opcional)**

Mezcle bien todos los ingredientes. (Es mejor hacerlo con las manos) Amase bien. Coloque sobre papel de aluminio y déle forma de salchichón. Forme varios rollos de 1 1/2 pulgadas de diámetro. Si desea páselos por azúcar negra. Polvoree el molde con azúcar negra y voltee una vez. Ponga en horno por una hora, a 350 grados. Deje enfriar bien antes de cortar en tajadas finas. Puede servir con galletitas y tener mostaza disponible por si alguien quiere untarle.

Emparedados de Jamonilla y Queso
9 emparedados o 18 mitades

A.
1 1/4 libra de pan especial
B.
1 lata de jamonilla (12 onzas)
1 lata pimientos morrones (4 onzas)
1 pepinillo dulce (opcional)
14 tajadas de queso americano
3 1/4 cucharadas margarina

Mezcle bien todos los ingredientes B en la licuadora o procesador de alimentos. Incluya el líquido de los pimientos morrones y de necesitar más líquido añada una cucharadita del líquido de los pepinillos dulces. La mezcla debe quedar suave y fácil de regar pero no muy liquida. Este procedimiento será igual para todos los emparedados de mezcla:
Corte la corteza del pan. Unte levemente el pan con mantequilla. Riegue la mezcla ya preparada, presione suavemente dos pedazos de pan y corte en mitades, en forma de triángulos, rectángulos, o mas pequeñitos aún. Humedezca una toalla de cocina en leche mezclada con agua, y cubra los emparedados para mantenerlos húmedos. Cubra la toalla con papel aluminio y guarde en nevera hasta usarse.

Emparedados de Pollo
18 emparedados o 36 mitades

2 1/2 libras pan especial
2 pechugas de pollo
1 cucharada de cebolla rallada
2 cucharadas de apio (celery) picadito
1 cucharada jugo de limón
4 cucharadas de mayonesa
2 huevos duros picaditos
2 pepinillos dulces picaditos
sal y pimienta
1/4 taza manzana bien picadita

Hierva o cocine a vapor las pechugas de pollo. Deje refrescar y corte en trocitos pequeños. Pele y corte la manzana en pedacitos. Moje en el jugo de limón. Mezcle bien todos los ingredientes. Continúe con las instrucciones de Mezcla de Jamonilla y Queso.

Emparedados de Espárragos
18 emparedados o 36 mitades

2 1/2 libras de pan especial
1 lata de puntas de espárragos (10 onzas)
1/4 libra de mantequilla
2 cucharadas mayonesa
4 huevos duros
1 cucharada vinagre o jugo de limón
sal y pimienta

Maje los huevos y mezcle con la mantequilla que debe estar a temperatura ambiente. Maje bien los espárragos y añada a la otra mezcla. Añada el vinagre, sal y pimienta a gusto. Una todo bien y continúe con el procedimiento señalado.

Sofritos, Sopas y Caldos

Sofritos, Sopas y Caldos

El sofrito es el alma de la cocina criolla. Si tiene usted un sofrito bien preparado es casi seguro que sus platos serán un éxito. El olor del sofrito es algo único que estimula el apetito y que además, nos trae recuerdos gratos de nuestra niñez y juventud. Las innumerables veces que se caminaba por el pueblo y desde media mañana, según se pasaba frente a las casas, salían las ráfagas de aroma del sofrito que se preparaba. Podía variar el plato principal pero era seguro que en todos los hogares se estaban guisando los granos que se servirían con el arroz para el almuerzo, y muchas veces aligerábamos el paso para disfrutar de una pruebita antes del almuerzo...

Hoy es más fácil preparar el sofrito porque se cuenta en las cocinas con aditamentos y enseres que nos facilitan su preparación y el poder conservarlo. La refrigeración nos ayuda a no tener que preparar sofrito todos los días, si así lo deseamos. Se puede preparar una cantidad grande de sofrito usando el procesador de alimentos o la licuadora y luego se puede guardar en envases de cristal o plásticos, bien tapados, en la nevera y nos dura una semana. Se puede congelar y lo tenemos disponible para cuando lo necesitemos por varios meses. Una buena manera de congelarlo es echándolo en cubetas de hielo para que se congele en forma de cubos. Una vez esté congelado sólido, lo remueve de la cubeta y guarda los cubitos en una bolsa plástica que quede bien sellada. Cuando su receta le pida sofrito remueve los cubitos que necesite. Se calcula que cada cubito equivale a una cucharada

Por años, numerosos pueblos han usado los caldos y sopas como remedio para distintos males. En Puerto Rico se le da un caldito de pollo a quien esta débil o decaído, un caldo de pescado para quien supuestamente necesite ayuda en su ejecutoria sexual y una sopa de gallina como fuente de energía instantánea. Tal es el caso de las famosas sopas de gallina que se tenía que tomar la mujer recién parida por los cuarenta días que permanecía acostada después del parto... hasta la década de los 30 esta tradición se cumplía rigurosamente.

Cuando en nuestros hogares se reunía toda la familia para almorzar y comer juntos, sentados alrededor de una mesa, se cubría esta con un mantel y se usaban servilletas de tela, siempre dependiendo de la situación económica de la familia. Los cubiertos se colocaban en su lugar adecuado y el primer plato que se servía era la sopa. Se podía llevar en una sopera y podía ser una sopa de fideos, puré de vegetales, sopas de pollo o de pescado. Pero siempre había sopa. Aún hoy tan pronto llueve y sopla el viento refrescando el ambiente, alguien va a decir, "Está el día para comerse un sancocho" o "está el día para un sopón".

Aceite de Achiote

1/2 taza de granos de achiote **1 taza de aceite**

Caliente el aceite en sartén a fuego moderado, agregue los granitos de achiote y cocine a fuego bajo por 10 minutos. Cuando tenga el color deseado, cuele y guarde en envase de cristal en la nevera. Tenga la precaución de no dejar que el aceite se caliente demasiado.

Sofrito Básico

1 1/2 libra de cebollas
1 cabeza de ajo (grandes y preferiblemente morados)
1 libra de tomates de cocinar
1 libra de pimientos
1/4 libra de ajíes dulces
12 hojas de culantro
1 latita de pimientos morrones
hojas de orégano brujo

Monde y corte en pedazos todos los ingredientes. Échelos en una licuadora, procesadora de alimentos o maquina de moler. Empezando con los tomates va añadiendo uno a uno hasta que estén todos molidos. Únalos bien y enváselos en recipiente de cristal o plástico. Refrigere hasta el momento de usarlo. Como puede ver, esta receta es para hacer una cantidad de sofrito que le deberá rendir para varias semanas. Es preferible hacerlo en esta forma ya que al momento de cocinar, tiene usted este ingrediente preparado y le economizará considerable tiempo. Si desea prepararlo individualmente, reduzca las cantidades de los ingredientes.

Caldo de Pollo

1 pollo o gallina de 2 libras
2 dientes de ajo
2 cucharadas de sal
1 cebolla grande
8 tazas de agua

Parta el pollo en presas, lave y seque. (Si lo adoba con un poco de sal y ajo desde el día anterior, sabe mucho mejor) Coloque en agua fría por media hora. Añada los otros ingredientes y ponga a hervir. Tape y baje el fuego hirviendo hasta que el pollo ablande. Si se usa gallina tardará mucho más tiempo en ablandar. Retire del fuego y cuele. Puede servir así o usar para preparar otros platos.

Puede remover toda la piel del pollo o gallina y la grasa que tenga, para obtener un caldo más saludable. Puede añadirle 2 o 3 ajos puerros ("leeks") cuando añada los otros ingredientes; da muy buen sabor. Este caldo congela muy bien y puede usarlo cuando guste. Cualquiera de los caldos aquí mencionados serán más saludables si los deja enfriar y le remueve la grasa que se endurecerá en la superficie.

Caldo de Pescado

6-8 raciones

4 cabezas de pescado, medianas
2 litros de agua (8 tazas)
4 dientes de ajo machacados
1 pimiento verde picadito
sal a gusto
pique a su gusto
4 onzas de harina de maíz
1 cebolla mediana picadita
1 tomate picado
3 ajíes dulces
4 hojas de recao
2 cucharadas de aceite con o sin achiote

Ponga a hervir las cabezas de pescado en el agua, fría, con un poco de sal. Hierva hasta que se desbaraten. Cuele y reserve el caldo. Prepare un sofrito con el aceite, cebolla, ajíes dulces, pimiento, ajo, tomate y recao. Ponga el caldo en una cacerola grande; añada el sofrito y mueva bien. Añádale la harina, poco a poco, moviendo bien para que no forme grumos. Cueza a fuego moderado y luego bien bajito, moviendo todo el tiempo hasta que espese. Tape y deje casi apagado, moviendo ocasionalmente, durante 15 minutos. Sirva bien caliente. Es delicioso servido con tostones y pique. Especialmente bueno durante o después de una fiesta donde se necesita reponer fuerzas.

Este caldo se toma así o se usa para preparar asopaos, paellas, etc. Si lo va a usar para este fin no le añada la harina de maíz.

Caldo de Res
6- 8 raciones

1 libra de carne de sopa, con hueso
1 libra rabo de res
6 tazas de agua fría
1 pimiento verde
2 dientes de ajo
1 cebolla
4 ajíes dulces
4 zanahorias partidas
3 hojas de recao
sal al gusto

Limpie la carne y coloque en olla donde vaya a hacer la sopa. Añada el agua fría y deje reposar un rato. Corte en pedazos grandes los otros ingredientes, añada y deje hervir. Reduzca el fuego y cueza por dos horas. Sazone a gusto. Cuele y sirva así o use ese caldo para preparar otros platos.

Puede sustituir la carne de sopa por jamón de cocinar, o usar un hueso de jamón. Cuidado con la sal ya que puede resultar más salado el caldo. Este caldo congela muy bien y puede usarlo en cualquier momento.

Sopa de Fideos
6 raciones

6 tazas de caldo (res o pollo)
2 papas partidas 2 zanahorias cortadas
2 mazorcas de maíz
1 onza de fideos partidos

Ponga el caldo a hervir con las papas partidas en 6 pedazos, al igual que las mazorcas de maíz. Cuando ya este hirviendo añada los fideos partidos. Cueza, tapada, hasta que los ingredientes estén blandos. Sirva caliente.

Puede sustituir fideos por 1 taza de arroz que habrá de haber remojado en agua por 1 hora. Puede añadir un pedazo de calabaza.

Puré de Vegetales

Esta deliciosa sopa se ha usado por muchos años en nuestra cocina. Es sabrosa y alimenticia. La receta básica es:
A la receta de caldo que usted desee usar, le añade dos libras de la hortaliza que guste. Ej: yautía, calabaza, apio, papas, etc. Se las añade peladas y cortadas en pedazos. Cuando el caldo esté listo, remueva la hortaliza y la maja bien, añadiéndosele luego al caldo que ya había colado. Lo mueve todo bien y lo deja

un ratito a fuego bien bajo, para que una bien los sabores. Sirva bien caliente. Puede servirla con pedacitos de pan tostados o fritos en aceite.

Cuando no tenga tiempo de preparar su propio caldo para usar en recetas que lo requieran, puede prepararlo usando los cubitos. Siga las instrucciones del fabricante, o use el que envasan en latas o cartones que envasan al natural.

Sopa de Plátano Verde
6 raciones

6 tazas de caldo **3/4 tazas de plátano bien verde,**
sal a gusto **rallado**

El caldo debe estar a temperatura ambiente. Monde el plátano y remoje en agua con sal por diez minutos. Ralle y enjuague por el lado fino del guayo. Añada el caldo y mueva presionándolo a los lados de la cacerola para que no queden grumos.

Ponga a fuego alto hasta que hierva, moviendo con cuchara de madera. Agregue la sal. Baje el fuego a temperatura mas baja, mueva de vez en cuando para que no se peque al fondo.

Cueza por 15 minutos. Puede servir así o se puede pasarlo por el colador majando el plátano contra los lados. En cuestión de gustos. Sirva bien caliente.

Sopa de Ajo
6 raciones

1/4 taza de aceite de oliva **8 tazas de caldo de pollo**
6 dientes de ajo **1/4 libra de pan francés**
3 huevos **1 cucharada sal**
pimienta fresca

Machaque los ajos y fríalos en el aceite caliente. Cuando doren, (no les deje quemar porque dan mal sabor), los retira del aceite. Corte el pan en trocitos y dore en el aceite. Añada el caldo. Sazone con sal y pimienta y deje cocinar a fuego lento. Cuando lo vaya a servir le añade los huevos que ha batido ligeramente y los mueve hasta que los huevos cuajen.

Sancocho
6-8 raciones

A. **2 cucharadas de aceite de oliva**
1 libra de carne de sopa **sal a gusto**
4 presas de pollo **B.**
1 cebolla picada **1/2 libra de yautía**
1 pimiento verde picado **1/2 libra de papas**
4 dientes de ajo machacados **3 mazorcas de maíz partidas**
4 hojas de recao **1 plátano verde rallado**
1/2 libra de carne de cerdo **1/2 libra de calabaza**
2 onzas de jamón de cocinar **1/2 libra de ñame**
4 ajíes dulces **1 plátano pintón**

En una olla grande hierva las carnes y los ingredientes de la primera parte(A) de la receta. Cocine a fuego moderado, tapado, por 1 hora. Añada las viandas.(B) Hierva 15 minutos. El plátano verde lo ralla y lo une en un tazón con un poco de caldo para desbaratarlo. Luego lo añade al resto del sancocho y mezcla bien. Cueza hasta que las viandas se ablanden. Sirva bien caliente.

Puré de Lentejas

1 libra de lentejas
1/2 libra de calabaza
2 cebollas grandes
2 litros de agua

3 zanahorias peladas y cortadas
1/2 libra de jamón de cocinar
1/2 libra de carne de sopa
2 cucharadas de sal

Coloque todos los ingredientes en una olla grande. Tape, deje hervir, baje el fuego al mínimo y cocine aproximadamente una hora, o hasta que ablanden las lentejas. Pase los vegetales y lentejas por el procesador de alimentos y luego añada al caldo. Parta la carne y el jamón en pedazos pequeños. Si gusta la puede servir con arroz banco.

Mondongo
6 - 8 raciones

2 libras de mondongo
3 limones verdes
1 cebolla
1 pimiento verde
1/2 lata de salsa de tomate
2 cucharadas de aceite
1/4 libra jamón de cocinar
3 ajíes dulces

sal y pimienta a gusto
hojas de recao
1 ramita de perejil
1 sobre sazón con recao
1/2 libra calabaza
3/4 libra de papas
1 lata de garbanzos
5 tazas de agua

Lave bien el mondongo. Lave con el jugo de de los limones, añada agua hasta que quede cubierto, hierva por unos minutos y escurra. Lave nuevamente y corte en pedazos pequeños. Prepare un sofrito con el aceite, jamón, cebolla, pimiento, ajíes, recao y perejil, todos cortados bien pequeñitos. (Si lo prefiere, páselo por el procesador de alimentos o la licuadora.) Le añade la salsa de tomate y el sobre de sazón. Añada el sofrito, los garbanzos, el agua, al mondongo y sazone a gusto. Cueza a fuego lento hasta que el mondongo esté blando. Añada las papas y la calabaza. Cuando estas se ablanden puede retirar del fuego y servir bien caliente. Se acompaña con arroz blanco, aguacate y pique.

Cocido
8 raciones

1 litro de caldo de res
1 litro de caldo de pollo
1 lata de garbanzos
1/2 taza de sofrito (Ver sección Sofrito y Adobo)

1/2 repollo picado
1/2 libra lacón partido
3 chorizos
3/4 taza coditos

Pelar los chorizos y cortarlos en ruedas. Sofreírlos en el sofrito y luego añadir los garbanzos removiendo todo bien. Añada el lacón, el repollo y los caldos. Deje cocer por una hora. Si tiene tiempo, es deseable que lo deje más tiempo, tapado y a fuego bajísimo, para que coja bien el sabor. Antes de servir añada los coditos y deje ablandar. Algunas personas sirven el caldo aparte.

Caldo Gallego
8 raciones

2 1/2 litros de agua
1 cucharada de sal
1 libra de carne de res en pedazos
1 1/2 libra de pechuga de pollo
1/4 libra de jamón de cocinar
4 chorizos
1 nabo partido en 6 pedazos
1/2 libra de morcilla
1 cebolla
8 hojas grandes de nabo, picaditas
8 hojas de acelga, picaditas
3 papas medianas partidas
1 libra de habichuelas blancas, frescas
2 zanahorias

Coloque en una olla grande de agua, sal, carnes, chorizos, morcilla y jamón, (estos tres cortados en trozos). Ponga a hervir y vaya removiendo la espuma que forma. Añada el resto de ingredientes, menos las papas, reduzca el fuego a bajo, tape y cueza por dos horas. Agregue las papas y cueza una hora. Pruebe de sal y sazone.

Asopao de Pollo
8 raciones

2 libras de pollo
Adobo (Vea sección Sofrito y adobos)
2 tazas de arroz
3 tazas de agua
Sofrito:
2 cucharadas de aceite con achiote (Vea Sofrit
1 pimiento verde
1 cebolla grande
4 hojas de culantro (recao)
1/2 taza de aceitunas y alcaparras
2 onzas de jamón de cocinar
3 ajíes dulces
1 tomate
3 ramitas de cilantro
3 hojas orégano brujo fresco
8 tazas de agua
1 cucharadita sal
Guarnición:
1 lata de guisantes verdes (petit pois)
1 lata de pimientos morrones
1 lata espárragos

Adobe el pollo el día anterior. Remoje el arroz en las tres tazas de agua por 2 horas. En caldero grande coloque el aceite y dore el jamón de cocinar que habrá cortado en pedacitos.

Agregue el resto de los ingredientes del sofrito que habrá cortado bien pequeñitos. Cueza por 2 o 3 minutos. Añada las presas de pollo y dore dejando cocinar por 10 minutos.

Escurra el arroz y añada al pollo. Revuelva bien y sofría unos minutitos. Añada el agua y el líquido de los pimientos morrones, los guisantes y espárragos.

Mueva y cuando hierva, le baja el fuego y cocina a fuego bien lento, tapado, por 20 minutos, Mueva y pruebe el grano.

Cuando esté, sirva adornando con los espárragos, guisantes y pimientos, bien sea en el mismo caldero o en calderitos individuales.

Asopao de Camarones ó Langosta

Seguirá la misma receta básica del asopao de pollo, substituyendo el pollo por langosta o camarones. Si los usa frescos, los hierve por 5 minutos en agua con sal. Los limpia, removiendo el carapacho y los intestinos. Proceda con la receta utilizando el agua donde los hirvió para preparar el asopao. Si los camarones o langosta que tiene disponibles están ya limpios, prepare un caldo con cabezas de pescado, o compre 2 botellas de jugo de almeja que se consigue en tiendas de especialidad. Así tendrá buen sabor aunque no sea tan impresionante.

Sopón de Bacalao

6 raciones

1/2 libra de bacalao
1/2 taza de sofrito (Vea Sección Sofritos y adobos)
3 cucharadas de aceite de oliva
sal al gusto

6 tazas de agua
1 taza de arroz (remoje por 2 horas)
1/2 taza de salsa de tomate

Limpie el bacalao. Remoje en agua por varias horas. Cambie el agua varias veces. Prepare el sofrito y agregue el bacalao que habrá desmenuzado. Cueza por unos minutos a fuego alto. Añada el agua y una vez que hierva, agregue el arroz y cueza a fuego lento, tapado, hasta que el arroz este cocido. Sazone y sirva.

Sopón de Gandules

8 raciones

1/2 libra de rabo de buey
1/2 libra de carne de guisar
1/2 libra de jamón de cocinar
2 libras de gandules verdes, frescos
1 taza de arroz (remojado en agua por 2 horas)
2 1/2 litros de agua

2 cebollas picaditas
2 pimientos picaditos
6 ajíes dulces picaditos
4 dientes de ajo machacados
6 hojas de recao
varias ramitas de cilantro
2 hojas de orégano brujo
2 cucharadas aceite con achiote

Hierva las carnes, cebolla, pimientos, ajíes, recao, cilantro y orégano brujo en el agua, por 1 hora. Remueva las carnes y corte en pedazos. Remueva las hojas y condimentos. Ponga nuevamente las carnes en el caldo y añada los gandules y el aceite con el achiote. Cueza tapado a fuego bien lento por 1/2 hora. Pruebe que los gandules estén bien cocidos. Añada el arroz y mezcle bien lento hasta que el arroz esté hecho. Sirva tan pronto esté. Si lo tiene que guardar por algún tiempo, añada caldo y mezcle bien para que no se seque. Si desea, puede usar gandules enlatados. Use 2 latas.

Aves, Pescados y Mariscos

Aves, Pescados y Mariscos

En nuestra niñez el menú dominguero consistía en arroz con pollo, pollo en fricasé o asopao de pollo. Se sabía que los domingos a medio día todas las familias cuyos medios económicos se lo permitían, estaban comiendo uno de esos platos. Esas aves se criaban en el corral de la casa o se compraban vivas, se mataban, se pelaban y se preparaban en la casa. Algunas personas tenían una destreza especial y casi sin esfuerzo sacrificaban el pollo sin uno darse cuenta. Este era cortado en presas, según las coyunturas del ave y se incluían el pescuezo, el corazón y "la vida". Cuando las familias eran grandes ese pollo se repartía de la forma mas equitativa posible, pero con frecuencia a alguno solo le tocaban unos huesitos con muy buen sabor.

Hoy en día los pollos son criados y mercadeados en Puerto Rico. Son más blandos que los de nuestra infancia ya que aquellos se criaban corriendo por el corral y se endurecían sus músculos y era necesario dejarlos cocinar por mucho más tiempo que los que hoy consumimos. En Puerto Rico se consumen más de 35 libras de pollo por persona al año. Hemos desarrollado conciencia que esta carne baja en grasa y colesterol es buena para nuestra dieta y salud. El pavo se ha usado en Puerto Rico para ocasiones especiales y se prepara con un sabroso relleno muy boricua. La guinea es otra ave con la que se confeccionan deliciosos platos. Es algo más caro que el pollo y es necesario cocinarla por más tiempo ya que es mas dura.

Siendo Puerto Rico una isla es sorprendente cómo no se ha desarrollado una industria pesquera en mayor escala que la que tenemos. Se han dado varias razones para que esto sea así, entre ella que el mar alrededor nuestro tiene algunos lugares de gran profundidad que no propicia el desarrollo de la industria. Otra razón es que sabemos de la presencia de la ciguatera, enfermedad producida por las toxinas de los peces que se alimentan de los arrecifes que rodean la isla. Uno de los peces que más se responsabiliza por esta es el Capitán y el Chillo. En el pasado otro factor era la dificultad en distribuir rápidamente el pescado, ya es sabida la importancia de que este producto se consuma fresco o bien conservado.

Por estas razones el Puertorriqueño de los pueblos del interior, prefería consumir bacalao y arenques dejando a sus hermanos de las costas el placer de comer pescado y mariscos frescos. En Puerto Rico tenemos gran variedad de peces, entre los mas conocidos están la Sierra, el Chillo, el Mero, el Dorado, la Sama, la Picúa y el Cetí. Este es un diminuto pececillo que no alcanza ni una pulgada de tamaño y es transparente. Entra a las costas de Puerto Rico, especialmente a Arecibo, durante los meses de julio a diciembre, cuando la luna está menguante. La pesca del cetí es una tradición en Arecibo desde los comienzos de la colonización. El padre Bartolomei de las Casas lo menciona en su libro, "La historia de las Indias". Lo cierto es que el placer de comerse el pescado que se prepara de diversas formas en nuestra isla es uno de los que recordamos y continuamos disfrutando.

Adobo para Aves

1 1/2 cucharadita de sal
5 ajos machacados
1/2 cucharadita de pimienta
(opcional)

1/2 cucharadita de orégano
3 hojas de laurel
1 cucharada de vinagre
2 cucharadas de aceite de oliva

Después de lavado el pollo, guinea o pavo, seque con papel toalla. Una bien todos los ingredientes, mezclándolos en un pilón o recipiente hondo. Impregne las presas con esta mezcla, frotando bien por todas partes. Deje reposar esta carne con su adobo por lo menos una o dos horas en la nevera, bien tapado, antes de preparar la receta de su preferencia. Recuerde que el pavo es menos gustoso que el pollo o la guinea por lo tanto si va a confeccionar alguna receta con pavo, debe adobarlo el día anterior. También puede usar más condimentos para el pavo.

Es recomendable lavar el ave con jugo de limón verde. Luego lo enjuaga bien y prosigue con el adobo. Esta cantidad de adobo es suficiente para aves de 2 a 4 libras.

Pollo Frito
4 raciones

A. 1 pollo de tres libras cortado en presas
   adobo para aves (Ver Sección de Sofrito y Adobo)

B. 3/4 taza harina de trigo o polvo de galleta
C. aceite de maíz para freír

Lave y limpie bien las presas y sin quitarles el pellejo adobe con la receta de la sección de Sofrito y Adobo. Guarde bien tapado en la nevera por varias horas. En una sartén grande, o en un caldero, caliente el aceite de freír.

Pase las presas por la harina de trigo. Lo más fácil es echar la harina en una bolsita plástica pequeña, y va colocando las presas, una a una dentro de la bolsa, la cual moverá para que la harina cubra toda la presa de pollo. Hay personas que prefieren mojar las presas en un poco de leche, pasarlos por la harina, volver a mojar en leche y volver a pasar por la harina, para que queden con una capa más tostada "Crispy". Hay personas también que en vez de harina prefieren usar hojuelas de maíz (corn flakes) triturado para que quede bien crujiente. Es asunto de preferencia personal.

Eche las presas del pollo en la sartén o caldero con el aceite bien caliente y fría a dorar y sellar bien la harina, por todos los lados. Baje el fuego a moderado para continuar cociendo el pollo. Tardara un total de 25 o 30 minutos en cocinarse. Asegúrese que queda bien cocido ya que resulta muy desagradable un pollo medio crudo y puede ser perjudicial para su salud.

Pollo Asado
4 raciones

1 pollo de 3 o 4 libras entero
adobo para aves (Vea Sección de Sofritos y Adobos)
jugo de un limón verde

1 taza de agua o caldo de pollo
1/2 barra de mantequilla
(opcional

Lave bien el pollo y séquelo con papel toalla. Lave con el jugo de limón, por dentro y por fuera. Adobe con la receta de adobo para aves de la Sección de Sofritos y Adobos. Úntele bien el adobo por fuera y por dentro. Deje reposar por 2 horas, bien tapado, en la nevera. Precaliente el horno a 400 grados. Coloque el pollo en un molde que tenga enrejillado en el fondo. La taza de agua, o caldo de pollo, la echara en el fondo del molde para que se mezcle con el jugo que suelte el pollo. El pollo no deberá tocar este líquido. Este líquido evita que la carne se reseque, y al no tocar la carne permite que el pollo se ase sin que la carne quede como si fuese hervido. Deje cocinar (sin abrir el horno) por espacio de 1 hora. Si le gusta el pollo mas dorado, pinte el pollo con mantequilla con una brochita y deje en el horno otros 10 minutos. Algunas personas le pasan aceite de achiote en vez de mantequilla y se dora más aún. Deje reposar el pollo fuera del horno por 10 minutos antes de servirlo.

Pechugas de Pollo con Limón
4 raciones

2 pechugas grandes cortadas por la mitad
adobo para aves (Ver Sec. Sofrito y Adobo)

jugo de 1 limón verde
3 cucharadas de mantequilla

Lave y limpie las pechugas. (No les quite el pellejo). Adóbelas con el adobo para aves, incluido en la sección de Sofrito y Adobo. Ponga en la nevera, bien tapado, por 2 horas para que coja bien el adobo. Pre-caliente el horno a 350 grados. En un molde de cristal engrasado, coloque las pechugas con la parte del pellejo para arriba. Póngale por encima la mantequilla cortada en cuadritos y rocíe con el jugo de limón. Hornee por 45 minutos. Para que le queden doradas, suba el horno a 450 y deje hornear 10 minutos más. Sirva con ruedas de limón por encima.

Pechugas de Pollo Empanadas

3 pechugas de pollo sin hueso, cortadas por la mitad y aplastadas lo mas finas posible
adobo para aves (Vea Sección Sofrito y Adobo)

1 taza de harina de trigo
2 huevos batidos
1 taza de polvo de galleta
1 pizca de sal (para los huevos)

Lave y limpie las pechugas de pellejo y grasa. Séquelas con papel toalla y adobe. Guarde, tapadas en la nevera por varias horas. Saque de la nevera y empane de la siguiente manera:
a. Ponga el polvo de galleta en un papel de aluminio o parafinado
b. Bata los huevos con la pizca de sal
c. Eche la harina de trigo en una bolsita plástica donde pueda echar las pechugas una a una para moverlas adentro. Primero pase la pechuga por la harina de trigo, luego por el huevo y por último, por el polvo de galleta. Procure que quede bien cubierta por el polvo de galleta pero que no tenga exceso de la misma. En una sartén grande, donde quepan por lo menos tres mitades de pechuga, eche el aceite y caliente. Eche las pechugas y dore a fuego alto por ambos lados. Baje el fuego a moderado y continúe cociendo por ambos lados, mas o menos 5 minutos por cada lado. Después de cocidas puede cubrirlas con queso Mozarella, Tápelas y ponga a fuego lento hasta que el queso se derrita. Si lo desea puede añadirles salsa de espagueti.

Pollo Naranjito

8 raciones

3 libras de presas de pollo
2 onzas jamón de cocinar
1 onza de tocino o tocineta
1 pimiento verde
1 cebolla grande
2 ajíes dulces
3 dientes de ajo machacados
3 hojas de recao
2 cucharaditas de aceite de oliva
1 lata de salsa de tomate
1 cucharadita de alcaparras
8 aceitunas rellenas
1 sobre sazonador con recao
2 hojas de laurel
sal y pimienta al gusto
1 lata de gandules verdes
2 plátanos verdes
2 tazas de agua
adobo para aves (Ver sección Sofritos y Adobos)

Adobe el pollo de un día para otro. Corte bien pequeñito el jamón y el tocino. Procese en la licuadora el pimiento, ajíes, cebolla, ajos y recao. Eche el aceite en un caldero grande, y dore el pollo. Añada salsa, aceitunas, alcaparras y hojas de laurel. Mueva bien. Cuando comience a hervir añada el agua y sazonador. Añada sal y pimienta a gusto. Baje el fuego y tape por 20 minutos. Ralle los plátanos verdes, sazone con sal y forme bolitas, apretando bien la masa. Añada los gandules con su líquido y las bolitas de plátano al pollo. Tape y cocine a fuego bien lento. Sirva con arroz blanco.

Pollo en Fricasé

6 raciones

A.
1 pollo de 3 a 4 libras cortado en presas
adobo para aves (Ver Sección Sofrito)
B.
1/2 taza de aceite
1/2 taza de sofrito (Ver Sec. Sofrito)
3 hojas de laurel
1/2 taza de salsa de tomate
1 sobre sazonador con achiote
1 taza de vino tino (opcional)
1 taza de agua
C.
3 papas grandes cortadas en cuadros

Lave y limpie el pollo de pellejos y grasa. Seque las presas con papel toalla y adobe. Deje reposar, tapadas, en la nevera por varias horas.

Eche el aceite en un caldero y cuando este caliente dore las presas del pollo. Cuando estén doradas y selladas, añada los otros ingredientes de B. Una vez hierva, baje el fuego, tape, y cocine aproximadamente media hora. Añada las papas y continúe cociendo destapado.

El pollo en fricasé, sin las papas, puede desmenuzarse o picarlo bien fino, para ser usado para rellenos, pastelones, pastelillos, polenta o para rellenar un queso de bola. Representa una economía poder "reciclar", como diríamos hoy en día, si nos sobra pollo en fricasé y usarlo en otros platos. O preparar la receta doble y planificar que hacer con el sobrante.

Guinea en Fricasé

Utilice la misma receta del fricasé de pollo substituyendo el pollo por guinea. Recuerde que la carne de guinea es mucho mas dura que la de pollo y tardará mucho más en ablandar. Se recomienda ablandar la guinea en olla de presión por unos minutos y luego proceder con la receta.

Pollo con Papas y Cebollas
6 raciones

- 1 pollo de 3 o 4 libras cortado en presas
- adobo para aves (Ver Sección Sofrito y Adobo)
- 2 cebollas grandes cortadas en ruedas
- 3 papas grandes cortadas en ruedas
- 1 1/2 taza de caldo de pollo
- 1 ajo machacado
- 2 hojas de laurel
- 1/2 taza de vino dulce
- 1/2 barra de mantequilla
- queso parmesano rallado (opcional)

Lave y limpie las presas de pollo de pellejos y grasa. Seque con papel toalla. Adobe bien y deje reposar, tapado, en la nevera, por dos horas. En un caldero que tenga tapa que selle bien, ponga las presas del pollo, las papas y las cebollas. Añada el caldo de pollo y todos los ingredientes menos la mantequilla. Deje cocinar a fuego bajo por 45 minutos. Añada la mantequilla y cocine por 1/2 hora adicional. Al servir puede polvorear con queso parmesano.

Pollo al Vino

- 3 libras de pollo (Las presas de su preferencia)
- 1/2 libra de butifarras
- 3/4 taza de pimiento verde picadito
- 1 taza de vino tinto
- 1/4 taza de aceite de oliva
- 1/2 libra de cebollas picadas
- 1 taza de caldo de pollo
- 1/4 cucharadita salsa inglesa
- 2 ajos machacados
- 1/2 cucharadita jugo de limón
- 1/2 cucharadita sal

Adobe el pollo con la sal, ajo machacado, jugo de limón y la salsa inglesa. Deje reposar por una o dos horas. Sofría en el aceite hasta que dore. Añada las butifaras y continue sofriendo hasta que quede todo bien doradito. Se añaden las cebollas y pimientos y se deja a fuego bien bajo, tapado, por l5 minutos. Añada el vino y el caldo de pollo y continue cociendo a fuego bien bajo por 20 minutos mas.

Pavo Asado o con Relleno
14 raciones

A.
- 1 pavo de 10 o 12 libras

B.
- 3/4 taza de adobo en polvo (contiene ajo, sal y orégano)
- 2 cucharadas de vinagre
- 2 cucharadas de aceite de oliva

C.
- 2 tazas de caldo de pollo

D.
- aceite de achiote (ver Sección Sofrito)

Limpie bien el interior del pavo, removiendo tejidos y pellejitos, lave con agua corriente o con agua de limón. Escurra y seque con un papel toalla. Mezcle los ingredientes en B y unte a la carne, metiendo la mezcla debajo del pellejo para que penetre bien (puede usar una jeringuilla para inyectar en diferentes áreas con el adobo preparado. Cúbralo con papel de aluminio y refrigere hasta el próximo día; así se asegura que coja bien el adobo. Al otro día caliente el horno a 300 - 325 grados. Unte el pavo con mantequilla o aceite de oliva, cubriéndolo de nuevo con papel aluminio y hornee por 4 o 5 horas. Cada hora bañe el pavo con el caldo en (C).

Pinche el pavo ocasionalmente, hasta que no bote sangre, cerciórese que esté cocido. Destape el pavo y con una brochita lo pinta con aceite de achiote, suba la temperatura a 375 -400 grados, por 10 -15 minutos hasta que coja un bonito color dorado. Déjelo enfriar un poco para cortarlo en lonjas. Prepare una salsa para echarle por encima a su gusto:

Salsa:
2 1/2 tazas del líquido que da el pavo (colado)
1 cucharadita de salsa de tomate
1 cucharada de maicena diluida en agua o en caldo

Lo revuelve bien y calienta.

Pavo Relleno

20 raciones

El día antes de servir el pavo lo adoba según la receta anterior de pavo asado. Puede ese día preparar la siguiente receta para el relleno, pero una vez preparada la guarda bien tapada en la nevera. El pavo no deberá ser rellenado hasta el mismo día en que se servirá.

pavo de 10-12 libras (Véase receta de pavo asado)
Relleno:
1 libra de carne de res molida
1 libra de carne de cerdo molida
2 cucharadas de adobo en polvo
1 cucharada vinagre
1 cucharada aceite de oliva
2 cucharadas de sofrito (Ver sección Sofrito y Adobo)
1 taza de vino tinto
1 taza de pasas
1 taza de almendras (opcional)
2 ruedas de pan cortado en trocitos majados con leche (opcional)
1 taza de salsa de tomate
sal a gusto

Mezcle las carnes, el adobo, el vinagre y el aceite de oliva en un sartén. Revuelva poco a poco a fuego bajo hasta que mezcle bien. Añada el sofrito y la salsa de tomate. Luego añade el vino, las pasas y las almendras, sal al gusto. Deje que la carne se cocine bien, déjela enfriar en añada el pan. Introduzca esta mezcla por el hueco del pavo y tape la salida con el pellejo. Si quiere puede darle unas puntadas para cerrarlo. Hornee el pavo, con el relleno dentro como se explica en la receta del pavo asado. Tomará más tiempo por tener la carne de relleno que aumenta su peso, de 5 a 6 horas.

Al servirlo, saque el relleno aparte en un envase, de aquí se le sigue añadiendo a las lonjas del pavo que se cortaron. (Hay quienes prefieren el relleno solo pues es más gustosa la carne que el mismo pavo).

Pollo con Berenjenas

6 porciones

2 libras de pechugas de pollo deshuesadas
2 berenjenas medianas
2 cucharadas de sofrito (Vease sección Sofritos)
3 cucharadas aceite de oliva
3 ajos machacados
1 1/2 cucharaditas de sal

1 cucharada de aceite de oliva
1/2 cucharadita de vinagre de vino
1 taza de caldo de pollo
1 cebolla picadita
1 pimiento morrón picadito
1 taza de sopa de tomate

En un pilón machaque la sal, aceite de oliva, ajos y vinagre y adobe con esto las pechugas. Deje reposar por lo menos una hora. Monde las berenjenas, Córtelas en rebanadas y pongalas en una solución de agua con sal por lo minutos. Remuévalas y seque ligeramente con papel toalla. En una sartén con aceite, sofría el pollo que ha cortado en pedacitos. Añada el sofrito, la cebola picadita, el pimiento morrón picadito, el caldo de pollo y la sopa de tomates. Tape y deje cocinar a fuego bajo por 20 minutos.
Puede servirlo como plato principal con arroz blanco y una ensalada verde o como entremes con galletitas.

Alas de Pollo con Miel

4 porciones

2 ibras de alas de pollo
2 cucharadas de aceite
2 cucharaditas de sa
pimienta a gusto
2 dientes de ajo machacados
1/3 taza de miel
2 cucharadas de salsa soya

4 cucharadas pasta de tomate
2 cucharadas de zanahorias cocidas
1 cucharadita de perejil picado
1/4 taza salsa de tomate para pizzas

Caliente el aceite en una sartén grande. Sazone las alas con sal, pimienta y los ajos y Cocine en el aceite a fuego lento durante l5 minutos. Remueva las alas y añada los otros ingredientes excepto las zanahorias y el perejil. Sofría por unos minutos para formar una salsa. Regrese las alas a la sartén, tápelas y cocine a fuego lento durante l0 minutos. Vierta en platón para serviras y adorne con las zanahorias y el perejil.

Pinchos de Pollo

6 a 8 porciones

1/2 taza de aceite	perejil picadito
1/4 taza salsa soya	8 pedazos de pimiento verde
1/4 taza miel	8 pedazos de pimiento rojo
2 cucharadas jugo de limón	8 trozos de cebolla
1 cucharadita ralladura de limón	4 pechugas de pollo
2 ajos machacados	

En un tazón grande combine todos los ingredientes. Corte las pechugas en pedazos de 1/2 pulgada, las añade a los otros ingredientes y las deja reposar por varias horas, o desde el día anterior. Al preparar los pinchos, ensarte el pollo alternando con os vegetales. Cocine al carbón de 7 a 8 minutos, volteando para que no se quemen.

Caderas de Pollo a la Cerveza

4 a 6 porciones

3 cucharadas de mantequilla	1 1/2 libras caderas de pollo
1 taza de zanahorias cocidas en cuadritos	picadas en trocitos
	1 lata de cerveza
1 taza de cebola picadita	2 cucharadas de caldo de pollo
1/4 taza albahaca picadita	3 cucharadas de crema agria
1/2 cucharadita de sal	2 cucharadas de mantequilla
	1 taza de setas

Derrita las 3 cucharadas de mantequilla en un molde que pueda ir a horno. Añada las zanahorias y las cebollas y cocine por 5 minutos. Adobe el pollo con la sal, albahaca y pimienta. Acomode los vegetales alrededor del pollo y vierta el caldo y la cerveza. Tape y ponga al horno a 350 grados por una hora. Vierta la crema agria sobre la mezcla. Derrita las 2 cucharadas de mantequilla en una sartén y saltée las setas. Agregue a las caderas.

Mojito Isleño

2 tazas

1/2 taza de aceite de oliva	1 latita de pimientos morrones
2 cebollas medianas y cortadas en ruedas	con sus líquidos
	8 o 10 aceitunas rellenas
1 pimiento verde cortado en tiras	1/2 cucharadita de sal
3/4 taza salsa de tomate	1/2 cucharadita de ajo granulado
1/2 taza de agua	(o 2 dientes de ajo)
	1 cucharadita de vinagre

Combine los ingredientes en una cacerola. Póngala a fuego moderado, cuando empiece a hervir tape la cacerola y continúe cocinando a fuego lento por 20 o 25 minutos. Tendrá una rica salsa para su pescado frito. ¡También muy buena para tostones! Si lo desea puede añadir pique.

Pescado Frito

1 ración

1 pescado de 1 libra
jugo de limón verde
1 cucharadita de sal por libra de pescado
1 diente de ajo machacado por cada cucharadita de sal

aceite para freír
harina de trigo suficiente para cubrir el pescado. Puede combinarla con harina de maíz en partes iguales.

El pescado puede freírse entero si es de tamaño pequeño. Si es de tamaño grande o mediano se corta en ruedas para que se cocine mejor en menos tiempo. El pescado debe de estar vacío, limpio y bien escamado. Lávelo en agua y luego en jugo de limón. Séquelo con papel absorbente. Adóbelo con el ajo machacado y la sal. Envuélvalo en harina de trigo cubriéndolo bien por todos lados. Fríalo en aceite caliente y séllelo por ambos lados. Baje el fuego y cocine por 10 o 15 minutos, dependiendo del tamaño del pescado. Sáquelo del fuego y póngalo sobre el papel absorbente para que éste absorba la grasa.

Filete Empanado de Pescado

4 raciones

2 filetes de pescado (chillo, mero, capitán)
2 huevos batidos
sal y pimienta a gusto (opcional)
3 ajos medianos machacados

jugo de un limón (para lavar el pescado)
1 1/2 taza de polvo de galleta
aceite para freír

Corte los filetes de pescado a un tamaño de 1/4 "a 3/8" de grueso. Lave los filetes con el jugo de limón. Séquelos con papel absorbente. Adobe los filetes con la sal, ajo machacado y la pimienta (opcional). Deje reposar por lo menos 1/2 hora para que el pescado coja gusto. Bata las claras a punto de nieve y luego añada las yemas. Pase los filetes por el huevo batido y luego por el polvo de galleta molida presionando suavemente para que el pescado quede impregnado con el polvo de galleta. Fría en aceite moderadamente caliente hasta que éste se dore. Puede ser servir con mojito isleño.

Pescado en Escabeche

6 raciones

6 ruedas de pescado de 1" de espesor (para escabeche la mejor selección es la Sierra)
2 1/2 cucharaditas de sal
aceite para freír
salsa:
2 tazas de aceite de oliva
3/4 taza de vinagre blanco

1/4 cucharadita de sal
20 granos de pimienta
3 hojas de laurel
3 o 4 dientes de ajo
3 cebollas grandes cortadas en ruedas
aceitunas, alcaparras a gusto

Lave y sale el pescado. Déjelo reposar por 1/2 hora. Fría en aceite, a fuego moderado sin que se dore o tueste. Mueva las ruedas con cuidado evitando que se peguen a la sartén.

Una todos los ingredientes de la salsa y ponga a cocinar a fuego bajo por 30 minutos. Retire del fuego y deje enfriar completamente.

Utilice un envase hondo, de cristal, con tapa. Ponga las ruedas de pescado y échele la salsa por encima. Déjelo un mínimo de 24 horas, bien tapado para que el pescado absorba bien la salsa. Puede guardar por varios días refrigerado.

Sirva frío o a temperatura ambiente.

Pescado al Horno
4 o 6 raciones

2 o 3 pescados enteros, como de 1 libra
1 cucharadita de sal de ajo por cada uno
2 onzas de mantequilla derretida
2 cucharaditas de jugo de limón verde
1 limón cortado en dos

Limpie y escame bien los pescados, lávelos con el jugo de limón verde. Quítele las agallas y las espinas del lomo. Adobe bien con la sal de ajo frotando bien.

En un molde de cristal rectangular ligeramente engrasado, acomode los pescados. Rocéelos con la mantequilla derretida usando la brochita de repostería. Añada 1 cucharadita de jugo de limón y hornee por 15 minutos a una temperatura de 350 grados (destapado)

Pasados los 15 minutos voltee el pescado y vuelva a untarle mantequilla y el resto del jugo de limón, vuelva a hornear por 15 minutos adicionales. Luego abra la puerta del horno dejándola entreabierta unas 3" o 4". Póngalo en "broil" para que el pescado se dore. Tan pronto se dore remuévalo del horno, para evitar que se reseque. Puede quitarle la piel y adornarle con perejil, aceitunas, ruedas de cebolla y abaniquitos de limón.

Bacalao

El bacalao es pescado que ha sido curado y salado para conservarlo sin necesidad de refrigeración. En décadas pasadas era un plato muy económico, fácil de conseguir y de fácil preparación. Hoy día su precio ha subido mucho. Generalmente hay que ponerlo en agua para desalarlo desde la noche anterior a usarse. También puede dársele varios hervores siempre botando el agua cada vez que hierva. El bacalao es un alimento nutritivo y libre de la grasa que tanto nos preocupa hoy día.

Por la facilidad de conservarlo siempre ha sido un alimento favorito de todos los niveles económicos de nuestra Isla.

La serenata de bacalao bien preparada, servida con viandas y adornada con aguacates, tomates y cebollas es un plato que puede servirse a la familia o a cualquier visita que tengamos. El bacalao a la Vizcaína, herencia de nuestros antepasados españoles es delicioso y fácil de preparar.

Bacalao a la Vizcaína

6 raciones

A.
1 libra de bacalao o filete de bacalao
3 papas grandes cortadas en ruedas
3 cebollas grandes cortadas en ruedas
B.
3/4 taza salsa de tomate
3/4 taza aceite de oliva
1/4 taza alcaparrado
1 latita de pimientos morrones cortados en tiritas (use líquido)
3 ajos machacados
3/4 taza de pasas (opcional)
1 hojita de laurel
1 taza de agua

Después de desalar el bacalao (instrucciones en la página anterior), desmenúcelo. En un caldero ponga alternando el bacalao desmenuzado, las papas y las cebollas, formando camadas. En un recipiente aparte, una todos los ingredientes incluidos en B y vierta sobre las camadas de bacalao, papas y cebollas. Ponga a fuego bajo y bien tapado por 45 minutos. Sirva con arroz blanco.

Serenata de Bacalao

6 raciones

1 libra de bacalao o filete de bacalao
agua para hervirlo
2 cebollas medianas cortadas en ruedas finas
1 pimiento verde cortado en lazcas finas
2 tomates picaditos
3 huevos duros
1 lechuga picada, del país o americana
aceitunas rellenas
2 papas hervidas picadas en tajadas
aceite de oliva
vinagre para ensalada
pimientos morrones en tiritas para adornar

Desale el bacalao hirviéndolo y botándole el agua varias veces. Desmenuce el bacalao, sáquele los pellejos y las espinas. Si usa filete es mucho mas fácil aunque mas caro. Ponga a cocinar la papa con todo y cáscara, cortada en dos y los huevos hasta que éstos estén duros (aproximadamente 10 minutos).

En una fuente de ensalada ponga una camada de lechuga que haya sido lavada y picada. Monde la papa cocida y córtela en tajadas poniéndolas sobre la lechuga. Ponga encima el bacalao ya desmenuzado. Cubra con la cebolla y pimientos verdes por encima. Pele y corte los huevos en rueditas, colocándolos en diferentes puntos del platón. Agregue los tomates alternando con los huevos y las aceitunas rellenas. Adorne con tiras de pimiento morrón. Riégueles el aceite de oliva y vinagre. Prepare con anticipación para que todo se marine junto. Puede taparlo para aligerar el proceso. Si puede añada unas rajas de aguacate que va de maravilla con la serenata. Se sirve con viandas hervidas, ñame, yautía, batata, guineos verdes y malanga.

Atún Guisado

3 o 4 raciones

1 lata de 7 onzas de atún (en agua)
2 cucharadas de sofrito básico
2 cucharadas de salsa de tomate
2 huevos duros
1 cucharadita de aceite de oliva

En una sartén eche el aceite de oliva. Agregue las cucharadas de sofrito y sofría bien (por 5 minutos). Agregue la salsa de tomate y luego el atún desmenuzado. Deje cocinar 10 minutos a fuego bajo. Agregue los huevos duros cortados en ruedas (debe ser antes de servir para que las yemas de los huevos no se desbaraten ni se pongan negras).

Ensalada de Salmón o Atún

4 raciones

1 lata de salmón escurrido
1 cebolla picadita
1 pimiento verde picadito
1 tomate grande en ruedas
aceite de oliva a gusto
vinagre de ensalada a gusto

Vacíe el contenido de la lata de salmón en un recipiente o platón al cual le habrá puesto algunas hojas de lechuga del país o americana. Agregue la cebolla, pimientos y tomates cubriendo el salmón. Rocíe con aceite y vinagre a gusto. Puede usar atún en lugar de salmón.

Ensalada de Langosta

2 raciones

1 libra de carne de langosta hervida
1/ taza de aceite de oliva
1/2 pimiento verde picado
1 cebolla mediana picada
1/2 cucharadita de perejil
2 cucharadas de vinagre de ensalada
pimienta (opcional)

Use la carne de la cola de la langosta para hacer la ensalada. Después de hervida pártala en trozos pequeños o en tiritas. Ponga la carne en una fuente de ensalada. Mezcle los demás ingredientes y viértalos sobre la carne de langosta. Tape bien y guárdela en la nevera para servir fría. Sirva sobre lechuga.

Coctel de Camarones

2 o 3 raciones

1 libra de camarones grandes
2 litros de agua
2 cucharaditas de sal
1 cebolla mediana
1/2 pimiento verde
salsa:
1/2 taza de Ketchup
1 cucharadita de salsa picante
1 cucharada de salsa de tomate
1 cucharada de jugo de limón
1/8 cucharadita de sal
1 cucharada de aceite de oliva

Lave los camarones y hiérvalos en el agua con la sal, cebolla y pimiento por 10 minutos. Déjelos enfriar y pélelos removiendo el cascarón y la vena negra que corre a lo largo del cuerpo del camarón. Póngalos en la nevera. Cuando vaya a servir coloque los camarones en copas encima de hojas de lechuga. Viértales la salsa por encima o si prefiere sirva la salsa aparte para que los invitados mojen el camarón en la salsa a su gusto.

Camarones al Ajillo
6 raciones

2 libras de camarones frescos
2 litros de agua
1 cucharada de sal

6 o 8 ajos pelados y machacados
1/4 libra de mantequilla derretida
1 cuchara de aceite de oliva

Lave bien los camarones. Póngalos a hervir en los 2 litros de agua y la sal por 10 minutos. Déjelos enfriar después de hervidos, con mucho cuidado saque el cascarón y la vena negra que corre por el cuerpo del camarón. En una sartén ponga la mantequilla a derretir, añada el aceite y luego el ajo machacado. Añada los camarones en esta salsa y sofría para que cojan el gusto. Sirva caliente. (Puede sofreír el ajo entero y luego removerlo si así lo desea)

Los Jueyes

Los jueyes siempre han sido un plato típico de las costas de nuestra Isla. Por las carreteras de Puerto Rico hoy se venden las sartas de jueyes vivos. Se compran y generalmente, se ponen en una jaula dándole de comer maíz en grano por unos días, "para que se curen". Años atrás se acostumbraba ir en noches obscuras, especialmente después de un día lluvioso, a pescar jueyes. Se preparaban "jachos" (botellas llenas de gas y con un trapo como mecha), que se prendían. En la obscuridad de la noche los jueyes quedaban inmóviles al ver ese resplandor, esto se llamaba "aluzarlos", y entonces era fácil cogerlos y echarlos en un saco. Ya es muy difícil verlos así, al natural.

El proceso de sacar la carne a estos crustáceos es trabajoso. El cuerpo del juey tiene tres sitios diferentes donde se encuentra la carne, estos son: las patas, las bocas o palancas y el cuerpo donde también se encuentra la grasa (en el buche). Hay que desprenderla del buche con mucho cuidado para que no se mezcle con las demás pues aquí también se encuentra la hiel (esta es muy amarga), y si la carne se impregna de la hiel se daña.

Los jueyes se hierven vivos en mucha agua con sal, más o menos 15 minutos. Luego, pasado ese tiempo, se dejan enfriar un poco. Se desprenden las palancas y las patas y con un rodillo se saca la carne de las mismas. Con mucho cuidado se desprende la tapa de abajo del cuerpo del juey y se descarta. Se descarna separando el cuerpo del carapacho. Se elimina el tejido gris y se remueve la grasa, la cual reserva para usarla. Se remueve el buche y se descarta, ya que ahí tiene la hiel. Proceda a sacar la carne blanca del cuerpo y deje limpio el carapacho si los va a usar luego. Puede comprar la carne de jueyes ya sacada pero hay muchas personas que disfrutan del proceso de prepararlos ellos mismos y no les importa el trabajo. Dicen que nada es tan bueno como chuparse las palancas recién hervidas y sacar la carne mordiéndolas...

Jueyes al Carapacho

4 raciones

4 carapachos de juey
2 tazas de carne de juey hervido
1 cucharada de aceite de achiote
3 cucharadas de sofrito básico
(Ver sección de Adobos y Sofritos)
1/8 cucharadita de orégano
1 pimiento morrón cortado en tiras
1 huevo batido
sal y pimienta a gusto
1 1/2 cucharada de salsa de tomate
aceite para freír

Ponga el aceite de achiote en un sartén grande, a fuego moderado. Añada el sofrito, orégano y pimiento morrón. Deje sofreír bien. Agregue la salsa de tomate y la carne de jueyes. Cueza por 5 minutos para que la carne se impregne y coja el sabor de la salsa. Rellene los carapachos que reservó. Bata el huevo a punto de nieve y cubra la abertura por donde rellenó el carapacho con el batido de huevo. Coloque boca abajo en aceite de freír, bien caliente, hasta que sellen y se doren.

Salmorejo de Jueyes

4 raciones

1 libra de carne de jueyes con su grasa
3 dientes de ajo machacado
1/2 taza de aceite de oliva
2 cucharadas salsa de tomate
2 cucharadas de jugo de limón verde
1 cucharadita de vinagre para ensaladas
1 cucharadita de sal
pimiento a gusto

En una sartén, a fuego bajo, eche todos los ingredientes. Deje cocinar por 2 o 3 minutos. Añada la carne de jueyes y cueza tapado, por 20 o 25 minutos. Sirva con arroz blanco y guineitos verdes hervidos.

Ensalada de Carrucho o Pulpo

4 raciones

1 libra de carrucho hervido cortado en trocitos (lave bien y hierva por una hora en olla de presión)
4 cucharaditas de vinagre
4 cucharaditas de jugo de limón
1/4 taza de aceite de oliva
2 dientes de ajo machacado
1 cebolla mediana picadita
1/2 pimiento verde picadito
1/2 cucharadita de sal
8 o 10 aceitunas rellenas
1 cucharada de alcaparra

En un molde profundo de cristal y con tapa, vierta el carrucho. Una todos los ingredientes y vierta sobre el carrucho. Tápelo bien y póngalo en la nevera. Para que coja bien el sabor, es preferible hacerlos el día anterior al que se vaya a servir. Para la ensalada de pulpo use 2 libras de pulpo. Hierva 45 minutos en olla de presión, saque de olla y lave en agua removiendo todo el pellejo, hasta que quede rosado. Corte en pedazos como de 1" y siga el mismo procedimiento.

Guiso de Bacalao y Berenjenas
6 porciones

1 libra filete de bacalao
2 berenjenas medianas
1/2 taza de sofrito (Ver sección de Sofritos)
2 cucharadas aceite de oliva
1 lata de salsa de tomate
1 sobre sazonador con reco
1/4 taza caldo de pollo
aceitunas y alcaparras

Desale, hierva y desmenuce el baclao. Pele y corte las berenjenas en cuadritos como de 1/2 pulgadas. Déjela reposar sobre papel toalla. Caliente el aceite y añada el sofrito, luego añada la salsa, el sazonador, alcaparras y aceitunas. Refría en esta mezcla las berenjenas, muévalo por unos minutos y añada el bacalao y el caldo. Una vez hierva, cueza a fuego lento en o que laq berenjenas están bien cocidas, 4 o 5 minutos.

Bacalao Aporreado
6 raciones

1 libra fiete de bacalao
1/2 taza aceite de oliva
1 cebolla
1 pimiento verde
2 dientes de ajo
1 lata de salsa de tomate
1 cuchradita sal
1/4 cucharadita pimienta
1 hoja de laurel
1 latita pimientos morrones
3 cucharadas vino tinto
6 huevos

Desale, hierva y desmenuce el bacalao. En el ceite sofría la cebolloa, ajo y pimiento verde. Agregue la salsa de tomate, pimienta, hoja de laurel, vino, mitad de los pimientos morrones picditos y el bacalao. Cueza a fuego lento por 20 minutos, Casi cuando lo vaya a servir, bata ligeramente los huevos y los añade revolviendo todo el tiempo para que no se peguen. Cuando los huevos endurezcan sirva adornando con el resto de los pimientos morrones.

Pescado en Salsa Verde
6 raciones

1 I/2 libras de filete de pescado(dorado, tilapa o truchas)
1 diente de ajo
1 taza de aceite de oliva
1 cebolla pequeña
1 taza de perejil
1 cucharadita sal
2 cucharadas vinagre
1/2 taza de vino blanco, seco

Ponga en la licuadora el ajo, cebolla, aceite, perejil, sal, vinagre y vino., Coloque os filetes de pescado en una sartén grande y cubra con la salsa. Cuando la salsa hierva, baje el fuego y tape por l5 minutos.

Carnes

Carnes

Cuando no hay abundancia de dinero no se come mucha carne. En el Puerto Rico del pasado escaseaba el dinero y era necesario preparar la carne de las maneras que mas la rindiesen y en las que se disimulase lo dura que podía ser. Nuestra dieta criolla contenía poca proteína proveniente de las carnes, primero por razones económicas, pero también porque muy pocas personas tenían las facilidades para refrigerar adecuadamente el alimento, no había buenos medios de transportación ni carreteras adecuadas.

En algunos pueblos se sacrificaban animales una o dos veces a la semana y ya todas las personas sabían cuando ir a comprar la carne. En algunos lugares la conservaban en barriles llenos de manteca, o salándola y ahumándola. Había quienes tenían corrales donde criaban cabros, cerdos, conejos o aves para el uso de las familias. Nuestras abuelas se ideaban deliciosas maneras de preparar las carnes rindiéndolas al máximo, como la "ropa vieja" plato donde se usaba la carne para preparar sopa y luego se deshilachaba y se guisaba.

La carne de cerdo ha sido favorita entre nuestro pueblo, en todas sus formas. El olor a carbón y leña cuando se está asando, trae a nuestras mentes estampas de Navidades donde las familias se reunían y desde el amanecer comenzaban la preparación del lechón. Ya por la tarde cuando el lechón estaba en toda su gloria, dorado y crujiente, posiblemente hubiese perdido ya el rabito, las orejas y gran parte del cuerito.

El jamón planchado era plato para ocasiones especiales por lo trabajoso de su preparación. Después de hervirlo en vino, azúcar y especias, se cubría con azúcar negra y se planchaba. Esto se hacía aplicándole una plancha de hierro, la misma que se usaba para planchar la ropa, que se calentaba en un anafre de carbón, y se pasaba por todo el jamón formando así una capa de azúcar quemada.

Otra manera de rendir el dinero era usando salchichas y embutidos. Las personas que en sus años de estudiantes vivieron en casas de hospedaje, recordarán que el guiso de salchichas con papas y huevos duros se servía al menos una vez por semana

Adobo para Carnes

2 granos medianos de ajo
1/2 cucharadita de orégano seco
1 1/4 cucharadita de sal

1 cucharada de aceite de oliva
1/2 cucharadita de vinagre

Mezcle bien todos los ingredientes machacándolos en el pilón o pasándolos por el procesador de alimentos. Una vez estén bien unidos, frote la carne con esta mezcla. Cubra y guarde en la nevera por varias horas o de un día para otro. Esta cantidad es para 1 libra de carne.

Carne Mechada

8-10 raciones

A.
1 lechón de mechar de aproximadamente 3 libras

B.
1 cucharada de vinagre
1 cucharada de aceite de oliva
1 cucharada de adobo

C.
2 onzas de jamón de cocinar
1 cebolla pequeña picadita
1/2 pimiento verde picadito
3 o 4 dientes de ajo machacados
1/2 cucharadita de sal
1 tomate pequeño picadito
5 o 6 aceitunas rellenas
1 cucharadita de vinagre
1 cucharadita de aceite de oliva

D.
2 cucharadas de sofrito (Ver sección Sofrito y Adobo)
1/2 taza de caldo de res
2 cucharadas de sopa de tomate
2 cucharadas de salsa de tomate
1/4 cucharadita de salsa inglesa
2 o 3 cucharadas de aceite de cocinar
1/2 taza de agua

E.
3 papas cortadas en cuadros grandes
2 o 3 zanahorias cortadas en ruedas

    Lave y limpie el lechón quitándole la grasa y pellejos. Con un chuchillo afilado, haga corte profundo en ambas extremidades hacia el centro del lechón, tratando de que se encuentren para formar un hueco continuo de punta a punta.

    En un pilón, machaque el ajo con la sal hasta que forme una pasta. Agregue el aceite de oliva y el vinagre. A esto añada los ingredientes incluidos en C. Con esta mezcla rellene el lechón por las aperturas que hizo. Póngalo en un molde de cristal y úntelo con los ingredientes incluidos en B. Tápelo y déjelo guardado en la nevera, preferiblemente de un día para otro.

    En un caldero ponga el aceite de cocinar y selle la carne dorándola por todos los lados a fuego alto, más o menos de 6 a 10 minutos. Deberá de quedar obscura. Luego baje el fuego a moderado y añada los ingredientes incluidos en D. Tape el caldero y deje cocinar por 2 horas. Baje el fuego lo más que se pueda y deje cocinar aproximadamente una hora más, virando la posta de ser necesario. Saque la carne del caldero y corte en rebanadas como de 1/2 pulgada. Monde y corte las papas y zanahorias y vuelva a colocar en el caldero la carne con las papas y zanahorias. Destapado y a fuego lento, deje cocinar por 45 minutos o hasta que la salsa espese y las papas estén cocidas.

Variación Moderna: Con una olla de presión economizamos tiempo aunque tenemos que tener cuidado al usar la misma. En vez de un caldero, coloque el lechón en la olla de presión y dórelo a fuego alto por 15 minutos. Añada los ingredientes incluidos en D. tape la olla y después de que suba el vapor déjelo a fuego moderado o bajo por 20 minutos. Destape la olla con cuidado, bajo agua fría hasta que baje la presión. Vire el lechón, vuelva a poner la olla y deje subir la presión. Baje el fuego, y déjelo 20 minutos mas. Destape, rebane la carne y junto con las papas y zanahorias ponga nuevamente a hervir, esta vez con la olla destapada para que la salsa espese y las papas se ablanden.

Carne Guisada

6 raciones

A.
2 libras de carne de masa de res cortada en cuadrados de una pulgada

B.
2 cucharaditas de sal
3 ajos machacados
1 cucharadita de aceite de oliva
1 cucharadita de vinagre
1 cebolla mediana rallada
1/2 cucharadita de salsa inglesa

C.
2 onzas de jamón de cocinar
3 cucharadas de sofrito
2 cucharadas de aceite de maíz
1/2 taza de caldo de res
1 taza de agua
1/2 taza de salsa de tomate
1 cucharadita de aceite de achiote
2 hojas de culantro (recao)
1 sobre sazonador achiote y recao

D.
2 papas medianas cortadas en cuadros
2 zanahorias cortadas en ruedas

Limpie la carne quitándole la grasa y pellejos. Mezcle bien los ingredientes en B y adobe la carne con estos. Tápela y déjela absorber el condimento por varias horas.

En un caldero eche el aceite de maíz y selle la carne dorándola a fuego alto. Añada el jamón, el sofrito y los demás ingredientes incluidos en C. tape el caldero y cueza a fuego moderado-alto por 30 minutos. Baje el fuego y deje cocinar, siempre tapado, por 1 1/2 horas. Destape el caldero y añada los ingredientes incluidos en D. Deje cocinar, destapado, hasta que las papas ablanden y la salsa espese.

Variación Moderna:
Puede hacerse en olla de presión lo cual acorta el tiempo de cocinar considerablemente.
Se pone el aceite de maíz en la olla de presión a fuego alto y se añade la carne, ya adobada. Después que la carne está sellada, alrededor de 5 minutos, añada los ingredientes en C. tape la olla y después que suba el vapor, deje cocinar a fuego moderado por 15 minutos.

Con mucho cuidado destape la olla y mueva la carne. Vuelva a taparla y cuando suba el vapor de la olla cocine a fuego moderado por 15 minutos adicionales. Destape y añada los ingredientes en D. Deje cocinar destapado hasta que las papas se cuezan y la salsa espese.

Biftec Encebollado
6 raciones

A.
2 libras de lomillo o babilla cortados para bistec, (puede prepararlos usted o pedir en la carnicería que se los corten y los pasen por la maquina) puede usar filete si lo desea.
B.
2 cucharaditas de sal
3 dientes de ajo machacados
1 cucharada de aceite
1/2 cebolla rallada
C.
2 cebollas medianas cortadas en ruedas
1/2 tomate cortado lonjas finas (opcional)
D.
1/3 taza de aceite de maíz
E.
1/2 cucharadita de salsa inglesa

Limpie bien los biftecs con un paño o talla de papel húmeda. Mezcle los ingredientes incluidos en B y con esta mezcla adobe los biftecs. Deje reposar la carne un rato para que coja buen sabor. Caliente el aceite de maíz en una sartén, y a fuego alto eche los biftecs para sellarlos por ambos lados. Baje el fuego a temperatura moderada y añada la cebolla cortada en ruedas y el tomate en lonjas (opcional). Cocine a fuego moderado en sartén destapado por 10 minutos más.

Añada la salsa inglesa a la salsa que ha rendido la carne y de ser necesario puede añadir una o dos cucharaditas de agua. Retire del fuego y sirva. Hay personas que prefieren la carne bien cruda, vuelta a vuelta. En ese caso solo tiene que sellar el bistec por ambos lados, añadir la cebolla y luego de que ésta dore, servirlo.

Bistec Empanado
6 raciones

A.
2 libras de lomillo, babilla o cadera de res
B.
1 cucharadita de sal
3 ajos bien machacados
1 cucharadita de aceite de oliva
1 cucharadita de vinagre de vino
Pizca de pimienta (opcional)
C.
2 huevos batidos
1 taza de polvo de galletas
1/4 cucharadita de ajo granulado
D.
aceite para freír.

Limpie la carne de telas y pellejos. Macháquela si es que no lo han hecho en la carnicería. Limpie con toalla de papel húmeda. Con los ingredientes incluidos en B, adobe bien la carne y deje reposar. Bata los huevos (claras y yemas aparte) hasta que suban, únalos y añada la sal de ajo. Pase el biftec ya adobado por el polvo de galletas, luego por el huevo batido y de nuevo por el polvo de galletas, hasta que el biftec quede bien impregnado. Fría en aceite de maíz bien caliente a fuego moderado por 2 minutos en cada lado. Si necesita mas aceite de freír, descarte el ya usado y use aceite limpio.

Biftec Rebosado

6 raciones

A.
2 libras de lomillo o babilla cortados y machacados para biftec (puede usar filete).

B.
1 1/2 cucharadita de sal
3 ajos machacados
2 cucharadas de aceite de oliva
1/2 cucharadita de vinagre

C.
2 o 3 huevos batidos
1 cucharadita de ajo granulado
pizca de sal y pimienta

D.
aceite para freír

Limpie bien la carne de nervios y pellejos. Lave la carne con una toalla de papel húmeda. Adobe la carne con ingredientes incluidos en B. Deje la carne reposar 30 minutos para que coja el sabor.

En un recipiente bata las claras y las yemas separadas, luego las une y le añade el ajo granulado. Seque los biftecs ya adobados con papel toalla y páselos por el huevo ya batido por los dos lados.

Eche los biftecs a freír a fuego moderado en el aceite de freír que debiera estar caliente, hasta que se dore el huevo. Vírelos una sola vez para evitar que el huevo se separe de la carne. Puede añadir mas huevo si esto sucediera. Escurra en papel toalla antes de servirlos.

Biftec Empanado a la Parmesana

6 raciones

A.
Biftecs empanados ya listos y fritos
1 lonja de queso Mozarella por cada biftec

B.
1/2 taza de salsa de tomate
2 cucharadas de sopa de tomate
1 cucharada de aceite de oliva
2 cucharadas de agua
1/2 cucharadita de ajo granulado
1/2 cebolla mediana en ruedas
sal y pimienta a gusto

Tan pronto como esté frito el biftec empanado, cúbralo con las lonjas de queso Mozarella. Prepare la salsa con los ingredientes incluidos en B. Primero amortiguando la cebolla en el aceite de oliva. Cuando esté amortiguada añada los demás ingredientes, mezcle bien y añada la carne empanada. Deje cocinar por 5 minutos en sartén tapado para que la carne se impregne de esta salsa. Retire del fuego y deje reposar 5 o 10 minutos antes de servir.

Filete Mignon

6- 8 raciones

A.
1 filete de res de 3 libras
1 1/2 cucharaditas de sal
2 o 3 dientes de ajo machacados
2 cucharaditas de aceite de oliva
1 cucharadita de vinagre

1/2 cebolla rallada
6 u 8 lonjas de tocineta
palillos de dientes
B.
1/3 taza de aceite para freír

Se limpia el filete de pellejos y se le pasa un paño o servilleta de papel húmeda. Se corta en ruedas de pulgadas de ancho. Se adoba el filete con ingredientes incluidos en A (menos la tocineta). Se deja reposar por lo menos una hora para que coja bien el sabor. Rodee cada rueda de carne con una lonja de tocineta, use palillo de dientes para pincharla. Se fríen en un sartén a fuego alto por 5 minutos en lo que la carne sella y luego a fuego moderado hasta que se cocine a su gusto (crudo 6 minutos, medio crudo 10 minutos y bien cocido 15 minutos). Si gusta añada 2 o 3 cucharadas de agua para que forme una salsita bien sabrosa.

"Corned Beef" Guisado

4- 6 raciones

A.
1 lata de "Corned Beef" de 12 onzas
B.
2 cucharadas de aceite
1 cebolla pequeña
C.

2 cucharadas de sofrito básico
(Ver Sofrito)
1/2 taza de salsa de tomate
1 cucharada de sopa de tomate
1/4 cucharadita de salsa inglesa
D.
papitas fritas o plátano maduro frito (opcional)

Caliente en una sartén el aceite de maíz. Añada la cebolla y déjela amortiguarse alrededor de 5 minutos. Agregue el sofrito e ingredientes incluidos en C. cocine a fuego moderado alrededor de 15 minutos. Añada la carne y desmenuce bien para que se empape del sabor de la salsa. Aparte, fría las papitas o plátano maduro hasta que estén doraditos. Añada a la carne y mezcle bien. Sirva con arroz blanco.

Carne Cecina (Tasajo)

4- 6 raciones

A.
1 libra de carne cecina (tasajo)
1 cebolla grande cortada en ruedas
1 tomate cortado en ruedas
1/4 taza de aceite de oliva

B.
4 huevos batidos
pizca de ajo granulado
pizca de sal y pimienta
C.
1 latita de pimientos morrones

Limpie la carne de pellejos y grasa. Póngala en un recipiente con suficiente agua para que quede cubierta. Déjela por varias horas, preferiblemente, de un día para otro. Escurra la carne y córtela en pedazos. Hierva, cubierta de agua y tapada, alrededor de 3 horas, o hasta que la carne esté blandita. (Si usa olla de presión solo necesita 20 minutos). Desmenuce la carne o pártala en tiritas.

En una sartén a fuego moderado, eche el aceite, la cebolla y el tomate. Espere a que la cebolla esté amortiguada y añada la carne. Mezcle bien. Añada los huevos batidos, mezcle y revuelva hasta que los huevos estén cocidos. Sirva caliente.

Ropa Vieja

6 raciones

Sopa:
A.
2 libras de carne de masa de res (puede tener hueso)
2 onzas de jamón de cocinar
1 hueso de carne o de jamón
4 litros de agua
2 tomates medianos
1 cebolla mediana
1/2 pimiento verde
4 hojas de culantro
B.
1/2 libra de papas mondadas y cortadas en cuadros
1/2 libra de calabaza
1 o 2 mazorca de maíz tierno
1 o 2 zanahorias cortadas en ruedas
1 cucharada de sal

C.
1/4 libra de fideos finos
1/2 cucharadita de sal
Carne:
A.
La carne ya hervida desmenuzada en tiras
B.
2 onzas de jamón de cocinar
2 o 3 lonjas de tocineta o tocino
1 cebolla mediana
1/2 pimiento verde
1 tomate grande
1/2 taza de salsa de tomate
1 taza de caldo de la sopa que ya preparó
1 lata de guisantes
1/2 cucharadita de sal

Sopa: Lave la carne, hueso de carne o jamón. Ponga a hervir con los ingredientes incluidos en A en olla tapada, por 25 minutos, a fuego alto. Baje el fuego a moderado y añada los ingredientes incluidos en B, deje hervir por una hora. Cuele esta sopa, saque la carne y los vegetales. Descarte el hueso. Ponga a hervir la carne y los vegetales esta vez añadiendo los ingredientes incluidos en C y deje cocinar por 20 minutos más. Remueva la carne y desmenuzela. Deje aparte.

Carne: En un caldero ponga a dorar el jamón de cocinar, tocino o tocineta bien picado. Añada la cebolla, pimiento y tomate todo en trocitos pequeños. Deje hervir por 5 minutos y añada la salsa de tomate. Eche la carne con los guisantes y el caldo -de la sopa. Déjelo dar un hervor más o menos 5 minutos. Se retira del fuego. Sírvase con arroz blanco.

Sesos Rebosados o Empanados

6-8 raciones

A.
2 sesos de res
1 litro de agua
1 cucharada de sal

B.
1/2 cucharadita ajo granulado
1/2 cucharadita pimienta en polvo
pizca de sal

C.
3 huevos batidos a punto de nieve
1/2 cucharadita de sal

D.
polvo de galleta para empanar

E.
aceite para freír

    Lave bien los sesos y póngalos a hervir por 10 o 15 minutos. Escúrralos y córtelos en rebanadas finas. Adóbelos con ingredientes incluidos en B.
Bata las claras de los huevos a punto de nieve, bata las yemas por separado y luego las une. Añada medía cucharadita de sal. Envuelva cada rebanada de seso en el huevo batido y fría en una sartén con aceite caliente por 5 minutos o hasta que doren bien. Si quiere empanarlos, páselos por polvo de galletas después de pasarlos por los huevos batidos. Fría.

Lengua Mechada

4 - 6 raciones

A.
1 lengua de 3 libras
3 litros de agua
1 1/2 cucharadita de sal

B.
1 cebolla mediana picada
1/2 pimiento verde picadito
2 ajíes dulces picaditos
2 granos de ajo machacados
8 aceitunas
1 cucharada de alcaparras
3 onzas de jamón de cocinar picado
1/2 cucharadita de sal
1 cucharadita de aceite de oliva
2 cucharaditas de vinagre

C.
2 cucharadas de sofrito básico
1/2 taza de salsa de tomate
3 hojas de recao
1/4 cucharadita de orégano en polvo
1 libra de papas cortadas en 4 pedazos
2 hojas de laurel

    Hierva la lengua en los 3 litros de agua y la sal durante una hora. (En olla de presión 20 minutos). Sáquela y reserve 6 tazas del agua. Limpie la lengua de pellejos y quítele la capa dura que tiene, raspándola con un cuchillo. Haga un corte profundo por el centro, de una punta a la otra, para poder rellenarla.
    Rellene la lengua con los ingredientes incluidos en B. Ponga la lengua ya rellena en caldero con 1/2 taza de aceite y dore por ambos lados. Añada las 6 tazas de agua y cueza tapado, a fuego bajo, por 2 horas. Agregue ingredientes incluidos en C. deje cocinar 1/2 hora más hasta que la salsa espese y las papas estén blandas.

Biftec de Hígado

4 raciones

A.
1 libra de hígado cortado en lonjas finas
1 limón verde
2 dientes de ajo
2 cucharaditas de sal
1/2 cucharadita de vinagre
1/4 cucharadita de pimienta en polvo
1 cebolla cortada en ruedas

B.
1/4 cucharadita de sal
1 huevo batido
1 taza de polvo de galletas

C.
aceite para freír

Limpie bien el hígado de pellejos o nervios. Lave con el limón y adobe con los ingredientes incluidos en A. Deje la carne adobada en la nevera, más o menos media hora. Corte la cebolla en ruedas finas y póngasela por encima. Fría en aceite caliente pero a fuego moderado, hasta que la carne quede sellada. Agregue la cebolla y cocine por unos 15 minutos a fuego bajo, hasta que la carne no suelte sangre. Mezcle los ingredientes incluidos en B. Empane la carne, primero pasándola por el polvo de galleta, luego por el huevo, y de nuevo por polvo de galleta.

Fría en aceite caliente, a fuego moderado, por 5 minutos. Vire una sola vez hasta que el huevo esté cocido.

Chuletas a la Jardinera

3 o 6 raciones

A.
6 chuletas de cerdo

B.
1 1/2 cucharadita de sal
3 dientes de ajo machacados
1 cucharada de aceite de oliva
1 cucharadita de vinagre

C.
1 tomate grande cortado
2 lonjas de pimiento verde picado
1 cebolla mediana picada
1/2 taza de salsa de tomate
1 latita de 8 onzas de habichuelas tiernas
1 latita de maíz en grano (si lo prefiere, puede usar 1/2 paquete de vegetales mixtos congelados)

D.
1/4 taza aceite para dorar las chuletas

Lave y adobe las chuletas con ingredientes incluidos en B. Deje la carne adobada, bien tapada, en la nevera por un rato para que coja bien el adobo. En una sartén grande ponga el aceite (D), y dore las chuletas sin permitir que se tuesten. Descarte la grasa que pueda haber en la sartén, dejando solamente 1 cucharada, aproximadamente, para proseguir con la receta.

Añada los ingredientes incluidos en C, tape y cocine a fuego moderado por 15 minutos o hasta que la chuleta este tierna y la salsa espese un poco. Sirva con arroz blanco.

Chuletas de Cerdo Fritas

6 raciones

A.
6 chuletas de cerdo (de 1/2 pulgada de espesor)

B.
3 dientes de ajo
1 1/2 cucharadita de sal
1/2 cucharadita de pimienta

C.
1/2 cucharadita de vinagre

D.
aceite para freír

Lave bien, escurra y seque las chuletas. Adobe con los ingredientes incluidos en B. Rocíe con el vinagre. Tape las chuletas y déjelas en la nevera por lo menos 30 minutos. Caliente el aceite de freír en una sartén, a fuego moderadamente alto y dore las chuletas por 2 minutos por cada lado. Baje el fuego y déjelas cocinar por 5 o 7 minutos más. Voltéelas según sea necesario hasta que cojan un bonito color dorado por ambos lados.

Gandinga

6 raciones

A.
3 libras de gandinga (corazón, riñones e hígado)

B.
2 onzas de jamón de cocinar
2 onzas de tocino
1 cebolla picadita
2 pimientos verdes picaditos
1 tomate mediano picado
3 ajíes dulces
2 dientes de ajo
3 hojas de culantro
1/2 taza de salsa de tomate
10 o 12 aceitunas rellenas
2 cucharaditas de alcaparras

C.
1/2 cucharadita de sal
3 tazas de agua
2 cucharadas de vino tinto
pimienta a gusto
4 papas medianas cortadas en cuadritos

Se lava bien la gandinga y se parte en pedazos. En un caldero se sofríe el jamón y el tocino, se añaden los ingredientes incluidos en B. Agregue la gandinga y cocine destapado, a fuego bajo por 20 minutos. Agregue ingredientes incluidos en C. Deje cocinar tapado, a fuego moderado, por 30 minutos. Destape el caldero y deje cocinar hasta que las papas estén cocidas y la salsa haya espesado.

Se sirve con guineitos verdes hervidos y arroz blanco.

Nota:
Muchas personas consideran deseable lavar la gandinga con jugo de naranja o de limón, antes de cocinarla. Luego se enjuaga bien en agua fría y se continúa con el procedimiento.

Carne de Cerdo Frita

A.
3 libras de carne de masa de cerdo (sin hueso)
B.
2 1/2 cucharaditas de sal
4 dientes de ajo machacados
1/4 cucharadita de pimienta
1/4 cucharaditas de orégano
C. 1 taza de aceite para freír

Se limpia bien la carne eliminando la grasa. Luego se corta en trozos de aproximadamente 2 pulgadas. Se adoba esta carne con los ingredientes incluidos en B. Deje esta carne reposar varias horas, o de un día para otro. En un caldero pequeño eche el aceite de freír y cuando esté caliente eche los trozos de carne. Ponga el fuego moderadamente algo para que la carne dore y selle con un color dorado. Voltee para que todos los pedacitos se sellen y se doren. Tape el caldero y baje el fuego a moderado y siga cocinando por 30 minutos, virando la carne ocasionalmente. Destape el caldero y suba el fuego a moderadamente alto para tostar la carne. Si gusta puede servirla con un mojito o una salsita de aceite de oliva, cebollas picaditas y doradas en el aceite y una pizca de ajo machacado.

Pernil de Cerdo Asado

8-10 raciones

A.
1 pernil trasero de 6 u 8 libras
6 dientes de ajo machacados
1/2 cucharadita de pimienta en polvo
1/2 cucharadita de orégano en polvo
1 cucharada de vinagre
3 o 4 cucharaditas de aceite de oliva
2 cucharadas de sal

Caldo:
B.
1/2 libra de carne de res, cerdo o un hueso de jamón
1/2 cebolla mediana
1/4 pimiento verde
1 ajo machacado
3 hojas de culantro (recao)
2 tazas de agua
1 cucharadita de sal

Limpie y remueva los pellejos del pernil. Despegue el cuero de la parte ancha y remueva parte de la grasa que tiene el pernil por dentro. Deje solo 1/4 de pulgada de la grasa que cubre la carne, para que no quede reseco.

Con un cuchillo bien afilado haga incisiones superficiales al pernil y por estas introduzca el adobo (ingredientes incluidos en A). Bañe el pernil por fuera con parte del adobo, el aceite y el vinagre. Debe adobarse el día anterior al que se vaya a asar para que quede más gustoso. Envuelva el pernil ya adobado y guárdelo en la nevera.

Al otro día prepare el caldo con los ingredientes incluidos en B. Reserve este caldo para rociar el pernil mientras este se asa. Encienda el horno a fuego moderado (350 grados) y hornee el pernil, dándole vueltas o cambiando de posición de vez en cuando. Rocíe el pernil mientras se va haciendo con el caldo que ya tiene preparado. Se tardará alrededor de 4 horas en cocinarse. Estará listo cuando tome un bonito color dorado y cuando al pincharse no bote sangre.

Para tostar el cuerito, suba la temperatura del horno a 375 grados por 25 a 30 minutos. Cuando no teníamos hornos el pernil se adobaba en la casa y se llevaba a una panadería para ser asado. En la panadería tenían hornos de leña y por un módico precio le horneaban el cerdo completo, los perniles o las aves.

Pernil de Cerdo al Caldero
8 - 10 raciones

A.
1 pernil de cerdo de 6 u 8 libras
6 dientes de ajo machacados
5 cucharaditas de sal
1/2 cucharadita de pimienta (opcional)
1/2 cucharadita de orégano,
1 cucharada de vinagre
3 o 4 cucharaditas de aceite de oliva

B.
1 1/2 taza de agua
1/2 taza de salsa de tomate

C.
3 zanahorias picadas en ruedas
6 papas medianas cortadas en dos

D.
1/2 taza de aceite de freír

Limpie y remueva los pellejos del pernil. Despegue el cuero de la parte ancha y remueva parte de la grasa que tiene el pernil por dentro.

Con cuchillo bien afilado haga incisiones superficiales al pernil y por estas aperturas introduzca el adobo con los ingredientes incluidos en A. Bañe el pernil por fuera con parte de ese adobo. Adóbelo desde el día anterior de cocinarse para que quede más gustoso. Guarde en la nevera bien tapado.

Al día siguiente en un caldero grande, dórelo con el aceite de freír. Después que esté dorado por todos lados, añádale el agua y la salsa de tomate. Reduzca el fuego y deje hervir, tapado, por 2 horas, cambiando la posición de ven en cuando.
Añada las papas y zanahorias y cocine 1 hora más.

Filete de Cerdo Relleno
8 raciones

2 filetes de cerdo de 1 1/2 libras
adobo comercial
1 cucharadita de maicena
aceite de oliva
3 ajos machacados

1/2 libra de ciruelas sin semilas
1 lata de chinas mandarinas
1 lata jugo de abaricoque
salsa agridulce (Sweet and Sour)

Corte los filetitos por el medio, a lo largo,(corte de mariposa). Adobe con el aceite, ajos y adobo. Deje reposar varias horas, tapado, en la nevera. Escurra las chinas,coloque las ciruelas y las chinas a todo lo largo de la carne. Enrolle y amarre con cordón. Envuelva en papel de aluminio y hornee a 300 grados por una hora. Remueva el papel, suba la temperatura a 350 y deje dorar. Diluya la maicena en un poco del jugo de albaricoques y añada del líquido que haya botado la carne. Ponga a hervir moviendo constantemente. Añada salsa agridulce a gusto. Deje refrescar la carne, córtela en tajadas como de 3/4 de pulgada y vierta la salsa por encima.

Jamón en Vino

12 raciones

Jamón de 5 libras (cortado como de 1/8 de pulgada)
1 botella de vino de pasas (dulce)
2 tazas de azúcar negra
4 rajas de canela

2 cucharadas de clavo de especia en polvo
miel de abeja
piñas enlatadas en ruedas
cerezas

Cuando compre el jamón, pida que lo corten en tajadas de 1/8 pulgada y que lo amarren para que conserve la forma, pero que permita que el líquido pueda mojar bien todas las tajadas. Coloque en un caldero grande, donde quepa el jamón cómodamente, el vino, azúcar y especias. Ponga a fuego moderado hasta que hierva. Coloque el jamón en ese líquido y a fuego lento, deje hervir por 45 minutos. Con mucho cuidado voltee el jamón de modo que la parte de abajo quede para arriba. Tape y a fuego lento, hierva por 45 minutos. Retire del fuego pero deje que permanezca sumergido en el vino. Es deseable hacer esta parte del procedimiento el día antes de servir el jamón, para que pueda permanecer de un día para otro en el vino.

En la mañana del día en que lo vaya a servir, remuévalo del vino y coloque en un molde para hornear. Coloque las tajadas de piña y las cerezas en forma decorativa. Riéguele la miel de abejas por encima y deje correr por los lados. Hornee a 350 grados por 20 minutos. Enfríe. Con el vino en que lo hirvió puede preparar una deliciosa salsa para acompañarlo. Disuelva 2 cucharaditas de maicena en 1/4 de taza del vino frío. Añádala, mezclando bien, a una taza del vino y caliente, a fuego moderado, moviendo constantemente, hasta que hierva. Retire y enfríe.

Salchichas Guisadas con Papas

4-6 raciones

A.
3 latas de salchichas de 5 onzas.
B.
4 papas medianas
4 huevos
C.
2 cucharaditas de aceite de maíz
1 tomate pequeño cortado
1/2 pimiento verde cortado

1 cebolla pequeña cortada
2 ajíes dulces cortados
2 dientes de ajo machacados
6 cucharadas de salsa de tomate
1/8 cucharadita de sal
1/2 cucharada de Ketchup
D.
1/4 taza de agua

Hierva las papas sin pelar junto a los huevos por 15 minutos. Pele las papas y córtelas en cuadros. Pele los huevos y corte en ruedas.

En una sartén grande, o caldero, eche el aceite y cuando esté caliente, sofría en él las cebollas, ajíes dulces, pimiento verde, tomate y ajo. Cuando estén blandas, añada la salsa de tomate, sal y ketchup. Mezcle bien. Cuando comience a hervir añada las salchichas junto con el líquido que traen. Deje unos minutos a fuego lento y luego añada las papas y los huevos cuidando que no se desbaraten. Se sirve con arroz blanco.

Picadillo de Carne Molida
4 tazas

A.
2 libras de carne de res molida
2 o 3 dientes de ajo machacados
1/2 cucharadita de aceite de oliva
1 cucharadita de vinagre
1 cucharadita de sal
B.
2 onzas de jamón, cortado en cuadritos o molido
1 cebolla grande rallada

1 pimiento verde picadito
1 tomate grande picadito
3 ajíes dulces
5 o 6 aceitunas rellenas
4 cucharadas de salsa de tomate
2 cucharadas de sopa de tomate
3 hojas de culantro (recao)
2 cucharadas de aceite para sofreír
1/2 taza de pasas (opcional)

Se prepara la carne añadiéndole los ingredientes incluidos en A. Se deja reposar 1 hora para que la carne coja el sabor. En una sartén se echa el aceite de maíz y se sofríe el jamón picadito.

Se añade la carne ya sazonada, y se deja sofreír por 5 minutos, moviéndola hasta que dore por todos lados y desbaratándola con la cuchara para que no forme grumos. Se añade el resto de los ingredientes incluidos en B, menos las aceitunas, pasas y culantro. Se pone a cocinar a fuego moderado con la sartén tapada, por 15 minutos. Se le añaden las aceitunas, pasas y culantro.

Se continúa cociendo a fuego moderado, con la sartén destapada, por 10 minutos más. Se retira del fuego.

Rellenos de Papas
8 rellenos

1 1/2 libra de papas
4 cucharadas harina de trigo o maicena
1/4 cucharadita de sal
1 taza carne molida guisada (Picadillo)

1 litro de agua
1 cucharada de sal
harina de trigo para espolvorear
aceite de maíz

Lave las papas, córtelas en mitades y hiérvalas con todo y cáscaras en un litro de agua con una cucharada de sal. Cuando estén cocidas, pélelas y májelas con tenedor o majador de papas. Añada la sal y la harina de trigo o maicena.

Polvoréese las manos con harina de trigo y con una cuchara grande eche papas en el hueco de su mano. Extienda hacia los lados extendiendo bien, añada una cucharada de relleno y cúbralo con papa. De ser necesario añada mas papa y déle forma redonda, como una bola. Polvoree bien el relleno con harina de trigo. Fría en aceite caliente. Vírelos para que se cocinen bien por todos lados ó use abundante aceite para que cubra totalmente el relleno y no tenga que voltear.

Si el aceite para freír esta muy caliente los rellenos se abrirán y si está muy frío los rellenos absorberán la grasa y se desbarataran. Es más fácil freír rellenos en un caldero que en una sartén. Pruébelo.

Rellenos de Panapén

Proceda igual que en la receta de rellenos de papas, substituyendo las papas, por un panapén mediano. Continúe el mismo procedimiento. El relleno de panapén es mas fácil de formar y de freír que el de papas.

Albóndigas

12 raciones

A.
1 libra de carne de res molida
1 libra de carne de cerdo molida
2 onzas de jamón de cocinar molido
2 rebanadas de pan mojadas en leche
2 huevos ligeramente batidos
1 cucharadita de sal
2 dientes de ajo machacados
1 cucharada de aceite de oliva
1/2 cucharadita de vinagre
1/4 de cucharadita de pimienta molida
1/4 de cucharadita de nuez moscada

B.
aceite para freír

Salsa:
1 cebolla cortada en ruedas
1/2 taza de salsa de tomate
2 cucharadas de sopa de tomate
1/4 cucharadita de salsa inglesa
1 cucharada de aceite de oliva
1/3 de taza de agua de caldo de res,
1 sobre sazonador con achiote y recao

Mezcle la carne de res molida con la de cerdo y el jamón. Añada los ingredientes incluidos en A y mezcle bien.

Forme las bolitas de carne, echando una cucharada de la mezcla en la mano y formando bolitas. Ponga una sartén con el aceite de freír y cuando esté caliente, fría las albóndigas, dorándolas y sellándolas.

En otra sartén revuelva la cebolla con el aceite de oliva hasta que estas se amortigüen. Eche el resto de los ingredientes, los de la salsa y por último, las albóndigas. Ponga a fuego moderado para que se cocinen bien y la salsa espese.

Cebollas Rellenas

6 -8 raciones

1 litro de agua
3 cebollas blancas grandes
1 taza de carne molida guisada (Picadillo)
1 pimiento morrón pequeño
2 cucharaditas de queso parmesano
1 huevo batido
1/4 cucharadita de sal
harina de trigo
aceite de maíz

Pele las cebollas y córteles una tapa en la parte superior. Cueza las cebollas a fuego moderado, en el litro de agua aproximadamente por unos 10 minutos. Escúrralas y déjelas enfriar. Ya frías, proceda a remover, hoja por hoja, el centro de la cebolla hasta dejar unas conchas. Rellene con el picadillo y el pimiento morrón.

Selle la abertura de la cebolla pasando por huevo, luego harina de trigo y nuevamente huevo. Caliente abundante aceite en una sartén y con cuidado coloque las cebollas. Báñelas por encima con el aceite para endurecer el huevo y dorarlas. Si gusta, trate con cuidado de voltearlas y termina de cocerlas así.

Chayotes Rellenos

6 raciones

3 chayotes grandes
2 1/2 tazas de carne molida guisada (Picadillo)
2 huevos batidos
2 litros de agua
3 cucharaditas de sal
aceite de maíz

Lave los chayotes y córtelos a lo largo, en dos mitades. Hiérvalos en agua con sal, por 30 minutos, o hasta que estén cocidos. Prepare la carne que utilizara para el relleno.

Retire los chayotes del fuego y remueva la semilla y la parte fibrosa que pega del centro. Saque la pulpa del chayote con mucho cuidado de no romper la cáscara. Maje la pulpa que sacó y mézclela con la carne. Rellene los chayotes con esta mezcla. Bata bien las claras a punto de nieve, agregue las yemas y una pizca de sal. Bañe los chayotes con esta mezcla.

Caliente el aceite en sartén o caldero. Cuanto esté caliente eche los chayotes, boca arriba, y écheles por encima del aceite caliente para sellar el huevo, deje cocer hasta que el huevo endurezca.

Pimientos Rellenos

6 raciones

6 pimientos verdes
1 huevo batido
1/4 cucharadita de sal
2 tazas carne molida guisada (picadillo)
1 cucharada de harina de trigo
aceite de maíz

Corte una rebanada por la parte de arriba del pimiento y por ahí, le remueve las semillas, con cuidado de no romper el pimiento. Prepare la carne para relleno. (Puede usar carne de res, de cerdo, pollo o pavo).

Rellene los pimientos presionando suavemente. Eche un poco del huevo batido por la abertura, polvoree con harina de trigo y luego eche huevo otra vez.

Fría el pimiento en aceite caliente, dándole vueltas cada 3 o 4 minutos hasta que se cocine. Escúrralo en papel absorbente y quítele el pellejo el cual saldrá fácilmente. Hay personas que le quitan el pellejo antes de rellenarlo. Casi siempre los ponen en el horno a temperatura bien alta, y lo voltean con frecuencia para que no se queme. Lo coloca en una bolsita de papel y lo deja refrescar. Con mucha facilidad sale el pellejo. Use el procedimiento que mas le acomode a usted.

Piononos de Amarillos
6 raciones

2 plátanos amarillos (no muy maduros)
1/2 libra de carne molida guisada

para rellenar (Ver picadillo)
2 huevos batidos
aceite de maíz para freír

Se mondan los plátanos amarillos y se cortan longitudinalmente (cada plátano puede cortarse en tres lonjas).

Se fríen las lonjas en el aceite caliente y se ponen a escurrir en papel toalla. Se enroscan las lonjas en forma circular y se pinchan con palillos de dientes. Se rellenan con la carne. Se baten las claras a punto de nieve y se le añaden luego las yemas y una pizca de sal. Se pasa el pionono por el huevo y se echa a freír, virándolo solo una vez para que selle bien ambas tapas. Se remueve el palillo para servirlo.

Puede darle forma al pionono colocando el plátano ya frito en un molde de panecillos ("muffins"). Se rellena, se cubre con huevo y se mete al horno hasta que el huevo selle por unos 10 minutos a 350 grados. De esta forma se reduce el contenido de grasa.

Queso Relleno
8 raciones

1 queso de bola grande
carne molida guisada (Picadillo)
o pollo en fricase desmenuzado

(Vea en Aves)
hojas de plátano

Al queso de bola se le hace una ventana en la parte superior y se le va extrayendo el queso con una cucharilla o cuchillo fino, hasta que quede bastante hueco y forme un cascarón con la forma del queso.

Raspe la parafina roja que cubre el queso y luego pele la cáscara con un cuchillo fino hasta que la elimine completamente. Hágalo con gran cuidado de que el cascaron de queso no se rompa. Remoje el queso en agua desde la noche anterior. Tiene que quedar totalmente sumergido.

Prepare el relleno que vaya a usar. Puede usar un fricase de pollo, desmenuzado, o carne molida preparada para relleno. Escurra bien el queso y rellénelo. Engrase un molde de cristal, redondo y hondo, y cúbralo con hojas de plátano cubriendo todo el queso. Tape y hornee a 300 grados por una hora. Sirva caliente.

Este es un plato que tiene un sabor agradable pero que es fuerte y no se debe de servir raciones grandes.

También lo puede hacer amarrando el queso en una tela para que no pierda su forma y colocando en una olla con caldo de pollo. Lo tapa y lo cuece a fuego lento-moderado, por una hora.

Otra manera moderna de prepararlo es usando tajadas de queso de bola. Las coloca en molde engrasado en una camada, luego una camada del relleno deseado y termina con otra camada de tajadas de queso. Cubre el molde con papel metálico y lo hornea por 45 minutos a 350 grados.

Pastelón de Guineo Verde o Yuca

4-6 raciones

4 tazas de guineo verde rallado, o
4 tazas de yuca rallada
1/4 taza aceite con achiote (Vea Sección Sofrito)

2 tazas de carne molida guisada (Picadillo)
sal al gusto

Añada el aceite con achiote y sal a la masa del vegetal rallado. Mezcle bien. Engrase el molde redondo, o rectangular, (9x13), y riegue la mitad de la masa. Coloque la carne sobre esta y termine cubriendo con el resto de la masa. Hornee a 350 grados por 45 minutos.

Pastelón de Papas

6 raciones

2 libras de papas
1/2 cucharadita de sal
2 cucharadas de mantequilla
4 cucharadas de harina de trigo o maicena

1 huevo batido
2 tazas carne molida guisada (Picadillo)

Monde las papas, córtelas en cuadritos y hiérvalas en el agua con sal, por 15 o 20 minutos o hasta que estén cocidas. Escúrralas bien y májelas con tenedor o majador de papas. Añada la harina de trigo, mantequilla y sal.

Bata el huevo y agregue a la mezcla. Divida la mezcla en dos porciones iguales. En molde redondo de cristal, previamente engrasado acomode la mitad de la mezcla para que cubra el fondo del molde. Agregue el relleno y distribuya bien. Agregue la otra mitad de las papas y riegue para que cubra todo.

Hornee por 25 minutos en horno pre-calentado a una temperatura de 350 grados. Para que el pastelón le quede doradito, úntele mantequilla derretida con una brochita.

Piñón de Plátano Maduro

6 raciones

3 plátanos maduros grandes
aceite de maíz
2 1/2 tazas de carne molida guisada (Picadillo)
3 huevos grandes, separados
1/2 cucharadita de sal

1 latita de habichuelas tiernas (corte francés)
mantequilla para engrasar el molde
1/4 taza queso parmesano rallado (opcional)

    Monde y corte los plátanos a lo largo, en lonjas finas. Fría los plátanos y póngalos a escurrir sobre papel toalla para que absorba el exceso de grasa. Prepara la carne molida guisada para relleno. (Vea la receta). Bata las claras a punto de nieve, añada la sal y las yemas una a una, batiendo bien. Vierta la mitad de esta mezcla de huevo en el molde ya engrasado. Añada una camada de los plátanos fritos cubriendo el fondo del molde. Coloque la carne en una camada sobre estos y luego las habichuelas tiernas, bien escurridas. Continúe con otra camada de plátanos y continúe el procedimiento hasta que use todos los ingredientes. Termine siempre con plátanos fritos.

    Vierta los huevos restantes y hornee a 350 grados hasta que los huevos estén cocidos y el piñó este dorado. Si lo desea, puede polvorear con queso parmesano rallado. Cuando no teníamos hornos, el piñón e hacia en la hornilla. Se usaba una sartén con tapa y sobre la tapa se colocaban carbones para que recibiera mas calor.

Empanadas de Yuca

8-10 empanadas

Masa:
3 libras de yuca rallada
1/4 taza aceite con achiote (vea sección sofrito)
1 1/2 taza de caldo de pollo
1 cucharadita de sal
1/4 de taza de leche

Para envolverlas:
papel de aluminio en pedazos
hojas de plátano amortiguadas
1/4 taza de aceite de achiote

Relleno:
carne molida guisada (Picadillo)

    Puede comprar la masa de yuca rallada y para que quede mas suave la machaca un poco en el pilón. En caso que decida usar yuca fresca, deberá comprar como media libra mas pues al mondarlas se pierde peso. Se monda, se ralla o se pasa por el procesador de alimentos utilizando el caldo para suavizarla y que muela bien.

    Añada la leche, el aceite de achiote y la sal. Mezcle todo bien, añadiendo mas caldo de ser necesario para que la masa tenga consistencia y que fluya bien. En superficie de trabajo, prepare pedacitos de papel de aluminio de aproximadamente 6 x 8 pulgadas. Sobre este papel, ponga una hoja de plátano amortiguada, un poco más pequeña que el papel. Úntele con una cuchara del aceite de achiote.

Sobre esta superficie eche una cucharada de la mezcla de yuca esparciéndola bien. Coloque el relleno a todo lo largo. (Puede rellenarla con pollo o carne de res.

También son deliciosas rellenas con jueyes guisados. Usando carne de jueyes enlatada y sofrito la cocina con aceitunas, alcaparras y pimiento morrón.) Doble la hoja del plátano con dos dobleces a lo largo y luego dobla lo que sobresale en los extremos, para abajo. Doble la hoja de papel de aluminio en la misma forma.

Si usa el horno convencional, las asa con el papel de aluminio, colocándolas en una bandeja de hornear, a 350 grados, por 30 minutos. Si usa microonda, remueva el papel de aluminio y hornee a fuego moderado (60%), por 4 o 5 minutos. Puede congelarlas antes de hornearlas.

Nota:

Este plato es conocido como empanadilla de yuca en el norte de Puerto Rico y como empanadas de yuca en el sur y oeste. Como quiera que se llamen, son deliciosas.

Pasteles de Masa

18 pasteles

Masa:
3 libras de yautía amarilla (madre) rallada
3 plátanos verdes rallados
1 libra de calabaza hervida y majada
2 tazas de caldo básico de res o pollo
1/2 taza de aceite de achiote (ver sección sofritos)
2 cucharaditas de sal

Una la yautía y el plátano rallado. Agregue la calabaza. Mezcle bien añadiendo el caldo básico de res o pollo hasta conseguir una consistencia en que la masa fluya con facilidad. Agregue la sal y el aceite de achiote. Póngala aparte para continuar con la receta. Reserve del aceite de achiote para engrasar las hojas.

Relleno:
2 1/2 libras de carne de cerdo cortada en cuadritos y adobada
3 o 4 cucharadas de sofrito básico
2 onzas de jamón de cocinar cortado en pedacitos
1 lata de salsa de tomate
2 cucharadas de aceite de oliva
2 cucharadas de caldo de res o pollo
12 aceitunas rellenas cortadas en mitades.
1/4 taza de garbanzos
1/4 taza de pasas (opcional)
1 latita pimientos morrones picaditos y escurridos
sal y pimienta a gusto

Adobe la carne y deje reposar. En una sartén grande, vierta el aceite de oliva y sofría el jamón. Añada el sofrito y la salsa de tomate, agregue la carne y tape la sartén. Deje cocinar por 20 o 25 minutos a fuego lento, hasta que la carne este completamente cocida. Retire la carne del fuego y resérvela. En diferentes platillos, ponga las aceitunas, pimientos morrones, garbanzos y las pasas.

12 o 14 hojas de plátano amortiguadas   **3 cucharadas de aceite de achiote**
cordón para amarrar el pastel

Cuando no hay hojas de plátano, como en algunos lugares en los Estados Unidos, se envuelven los pasteles en un papel encerado que se consigue específicamente para preparar los pasteles. En las comunidades hispanas se usa mucho este papel aunque hoy día se puede conseguir hojas de plátano en casi todos los lugares.

Para amortiguar la hoja de manera que se torne suave y manejable, pásela por la hornilla de la estufa prendida, teniendo cuidado que no se queme. Otra alternativa es poner las hojas, con unos días de anticipación, en el congelador. El frío las suaviza pero deberá de envolverlas bien para que el frío no las queme.

Corte las hojas en pedazos de aproximadamente 12" para la parte exterior del pastel, y de 5" x 8", para la parte de adentro. Límpielas con un paño o toalla húmeda. Coloque la hoja pequeña dentro de la grande. Con una cuchara de sopa riegue aceite de achiote en la hoja pequeña. Añada 3 o 4 cucharas de la masa y riegue bien, procurando que quede fina. Coloque en el centro de la masa 3 cucharadas del relleno y añada 2 o 3 garbanzos, aceitunas rellenas, pimiento morrón y pasas.

Doble ambos lados largos de las hojas hacia el centro quedando una hoja sobre la otra. Doble las puntas hacia abajo. Como si estuviera empacando un regalo.

Una dos pasteles con los dobleces encontrándose, uno frente al otro, y amárrelos con el cordón. Estos dos pasteles se conoce como una yunta de pasteles.

Para hervirlos, eche 8 tazas de agua en una olla grande. Añada una cucharada de sal y deje hervir. Cuando ésta hierva, agregue los pasteles y deje cocinar, tapados, por 45 minutos. Si están congelados déjelos hervir por 60 minutos.

Sirva calientes ya que según dice el aguinaldo, "pasteles fríos empachan la gente".

Pasteles de Yuca y Pollo

18 pasteles

5 libras de yuca rallada   (ver sección de sofrito y adobo)
2 cucharadas de sal   **2 tazas caldo básico de res o**
1/2 taza de aceite de achiote   **pollo**

Si compra la yuca congelada que viene rallada, macháquela en el pilón para que suavice aún más la masa. Añada la sal y el caldo hasta que la consistencia de la mása fluya con suavidad. Añada el aceite de achiote que le dará un bonito color dorado a la masa.

Relleno:
4 pechugas de pollo
adobo para aves (Ver sección Sofrito y Adobo)
4 cucharadas sofrito básico (Ver sección sofrito y Adobo)
1/2 lata salsa de tomate
2 o 3 cucharadas caldo de pollo
aceitunas rellenas
garbanzos
pimientos morrones
2 cucharadas de aceite de oliva
1/4 taza de pasas (opcional)

Corte en cuadritos las pechugas. Adóbelas y déjelas reposar por varias horas. Ponga el aceite de oliva en una sartén grande. Caliente y luego añada el sofrito y la salsa de tomate. Agregue la carne de pollo y deje cocinar tapado, por 25 o 30 minutos. Cuando esté cocida, retire del fuego y ponga en su mesa de trabajo. Si lo desea puede prepararla desde el día anterior y guárdela en la nevera hasta que la vaya a usar. En diferentes platitos, coloque las aceitunas, pimiento morrón, garbanzos y pasas. Proceda a formar los pasteles de la misma forma que se describe en la receta de pasteles de masa.

Cabro en Fricasé
6-8 raciones

A.
4 libras de cabro cortado en pedazos
B.
1/2 taza de jugo de naranja o de limón (para lavarlo).
4 dientes de ajo machacado
1 cucharadita de orégano
1 cucharadita de pimienta
1 1/2 cucharadita de sal
1 cucharada de vinagre
1 cucharada de aceite de oliva
C.
2 onzas de jamón de cocinar picadito
1 pimiento verde picadito
1 tomate grande picadito
1 cebolla grande picadita
12 aceitunas rellenas
1 cucharada de alcaparras
1 o 2 hojas de laurel
1/2 taza de vino tinto
4 tazas de agua
D.
2 libras de papas

Limpie la carne y córtela en pedazos no muy pequeños. Lave la carne con el jugo de naranja o limón. Luego de lavada, enjuáguela bien.

Adobe la carne con todos los ingredientes incluidos en B. Deje la carne adobada reposar un buen rato, varias horas.

En un caldero dore el jamón de cocinar y sofría la cebolla.

Añada los ingredientes incluidos en C (menos las 4 tazas de agua). Tape el caldero y, a fuego bajo, deje cocinar 10 minutos. Añada el agua.

Tape el caldero y, a fuego bajo deje cocinar por 2 horas. Pasadas estas 2 horas añada el vino y las papas cortadas y deje cocinar destapado hasta que las papas estén blandas y la salsa espesa. Sirva con arroz blanco. Lo tradicional era el arroz con tocino, pero si cuida su dieta, use otra receta.

Conejo en Fricasé

6 raciones

A.
3 libras de conejo cortado en presas

B.
8 dientes de ajo machacados
1 cebolla mediana picadita
2 cucharaditas de sal
2 hojas de laurel
2 onzas de alcaparrado
1 lata de salsa de tomate

C.
1 taza de vino blanco dulce
6 papas mondadas y cortadas en cuatro
2 o 3 zanahorias cortadas en ruedas

Limpie y lave las presas del conejo. Es deseable lavarlo con jugo de naranja o de limón. Enjuague luego en agua fría y seque. Adobe con los ingredientes incluidos en B. Deje reposar por una hora más. En un caldero eche el aceite e oliva y cuando esté bien caliente coloque las presas sellándolas bien por todos lados. Esto hace que conserven su humedad y que no se desbaraten al cocinarse.

Añada los ingredientes incluidos en C menos el vino y cueza tapado, por 1/2 hora y a fuego bajo, hasta que la carne este blanda. Agregue el vino. Tape el caldero y cueza hasta que las papas se ablanden y la carne esté bien blanda. Cocine, destapado, por 10 minutos más, esta vez para que la salsa espese. Sirva con arroz blanco.

Arroces, Granos y Pastas

Arroces, Granos y Pastas

El arroz es un cereal que nos llega del extranjero y que es el plato básico de la dieta puertorriqueña. Se puede cosechar en nuestra Isla pero su producción ha sido en pequeña escala aunque en los últimos anos se ha incrementado.

En tiempos pasados era usual oír preguntar ¿"Que tenemos de comida"? y la respuesta era, "Arroz, habichuelas y la mixtura". Por esta última se referían a la carne, frituras, bacalao o cualquier otro alimento que se fuese a servir además del arroz y los granos.

Muchas familias tenían un menú fijo, viandas y bacalao por el almuerzo; sopas, arroz y habichuelas para la cena. A esto se le llamaba en algunos lugares por las cartas de la baraja "sota, caballo y rey".

El arroz es muy versátil y fácil de preparar, desde un arroz blanco servido con huevos fritos, (huevos a caballo), arroz con pollo, con carnes o embutidos, con vegetales o mamposteao, por años ha sido parte de nuestra comida tradicional. Es tan común encontrarlo en todas las comidas que cuando hay alguna persona que esta presente en todos sitios se le dice, "Eres como el arroz blanco".

Los granos son parte de nuestra herencia española ya que los antepasados trajeron sus costumbres de comer garbanzos y habas y tenían gran variedad de maneras de prepararlas. Muchos de ellos se sacrificaban toda una vida soñando volver a su Madre Patria. Algunos volvieron, con ayuda de toda la parentela, para recoger alguna herencia solo para encontrarse que se habían gastado más en el viaje que lo que recibían de esta...

La receta para guisar granos es prácticamente la misma para todos. Hay que cocinar los granos, hirviéndolos en agua con sal, hasta que el grano esté blando, pero firme, ya que al guisarlo se termina de cocinar. El tiempo de cocción depende del grano. Las habichuelas toman menos tiempo que los garbanzos. Las lentejas son mas blandas que las habichuelas y los gandules dependen de cuan verdes sean. En general, el grano seco tarda mas en ablandarse que el grano verde. El guisado de granos puede variarse usando diferentes embutidos o vegetales.

Las pastas siempre han sido favoritas de grandes y chicos en Puerto Rico; se les ha dado nuestro toque criollo haciéndolas muy nuestras.

Hablamos de las marotas y funches del Puerto Rico del ayer y les traemos recetas que esperamos usen algún día.

Arroz Blanco I
4 raciones

A.
2 tazas de arroz (grano corto)
B.
2 1/2 tazas de agua

2 cucharaditas de sal
2 cucharaditas de aceite
1/4 cebolla (opcional)
1/4 pimiento verde (opcional)

Ponga a hervir el agua con todos los ingredientes incluidos en B. cuando el agua este hirviendo agregue el arroz ya lavado y mueva bien. Déjelo a fuego alto hasta que el agua se evapore. Muévalo y baje el fuego lo más que pueda. Tápelo y deje cocinar por 20 o 25 minutos moviendo solo ocasionalmente para que no se pegue del fondo del caldero. Remueva los pedazos de pimiento y de cebolla antes de servirlo. Este arroz queda bien granosito.

Arroz Blanco II

4-6 raciones

2 tazas de arroz
2 1/2 tazas de agua caliente

2 cucharaditas de sal
2 cucharadas de aceite

Lave el arroz y escurra. Caliente el aceite en un caldero y sofría el arroz en el mismo, volteando por dos minutos, a fuego alto. Añada el agua y la sal moviendo y luego deje hervir. Cuando el agua se haya secado, baje el fuego a la temperatura mínima, y tape. Voltee a los 15 minutos, revolviendo del fondo hacia arriba. (Si lo mueve mucho se le puede amogollar.) Deje cocer 10 minutos más. Sirva calientito.

Arroz con Tocino

4 raciones

1/4 libra de tocino
2 tazas de arroz
2 tazas de agua
1/2 cucharadita de sal

2 cucharadas de la manteca del tocino
(complete con aceite de ser necesario)

Corte el tocino en trocitos pequeños, despegándolas del cuero el cual se echa entero. Lave bien el tocino para sacarle el exceso de sal. En un caldero sofría el tocino hasta que se dore y escurra la grasa y resérvela. Mida dos cucharadas y si no están completas, le añade aceite hasta llegar a esa medida. Sofría el arroz, ya lavado, en la manteca y con el tocino. Haga hervir el agua y añádala al arroz. Deje hervir a fuego alto y cuando el arroz haya secado casi totalmente, baje el fuego, muévalo y tápelo. Déjelo por 10 o 15 minutos, hasta que el grano esté blando. Sirva calientito.

Arroces Guisados

4 - 6 raciones

2 tazas de arroz grano largo
1 cucharadita de sal
2 cucharadas de aceite de oliva con achiote

3 cucharadas de sofrito básico
(ver sección Sofrito y Adobos)
1/2 lata de salsa de tomate
2 1/2 tazas de agua o caldo básico

Para todos los arroces guisados se utiliza el sofrito básico y luego se combina con los diferentes ingredientes ya sea jamón, chorizo, longaniza, butifarra, carne, mariscos o granos. La receta que aquí ofrecemos es una básica de arroz guisado y usted puede variarla utilizando las diferentes alternativas ya mencionadas.

Habichuelas blancas hervidas
2 latitas de salchichas
1/2 libra de longaniza
1/2 libra de butifarra

1 lata de garbanzos
3 latas de calamares
1 lata de maiz

Procedimiento: En un caldero ponga el aceite a calentar. Añada el sofrito y sofría bien. Añada la salsa de tomate y las salchichas (o lo que usted haya escogido). Agregue el arroz después de haberlo lavado y escurrido. Mueva bien. En una cacerola prepare el caldo y al hervir lo añade al arroz. Mueva bien y cocine a fuego alto hasta que el líquido evapore. Revuelva el arroz, tápelo y siga cocinando a fuego bien bajito por 25 minutos.

Arroz con Pollo

8 raciones

A.
1 pollo de 3 o 4 libras cortado en presas
adobo para aves (Ver sección Sofritos y Adobos)
B.
1/2 taza de aceite de maíz
3 onzas de jamón de cocinar
1 cebolla mediana picada bien pequeña
4 ajos machacados
1 pimiento verde picado
4 ajíes dulces picados
3 hojas de culantro
3 hojas de laurel
1/2 taza de salsa de tomate
1 cucharada de aceite de achiote
1 taza de vino tinto (o cerveza con alcohol opcion)
5 tazas de agua o caldo de pollo
4 tazas de arroz
C.
1 lata pequeña de pimientos morrones
1 lata pequeña de guisantes

Lave y limpie el pollo de pellejos y grasa. Seque las presas con papel toalla y proceda a adobar con la receta ya incluida en la sección de Sofrito y Adobos.
Deje reposar las presas ya adobadas en la nevera, bien tapadas, por 2 horas. Pasadas estas 2 horas, ponga el aceite a calentar en un caldero. Cuando este caliente sofría y dore el jamón de cocinar. Añada los ingredientes incluidos en B menos el arroz y el agua.

Añada las presas de pollo y mueva bien para que el pollo se impregne con la salsa. Añada 2 tazas de agua (de las 5 que se necesitan, ya sea de agua a o de caldo) y ponga a cocinar a fuego mediano por 30 minutos, bien tapado. Pasado ese tiempo, saque las presas del pollo del caldero, colóquelas en un molde de hornear, tape con papel de aluminio, y mantenga en el horno sin prender este. Agregue el arroz a la salsa, mueva bien para que se impregne y eche las 3 tazas restantes del líquido. Mezcle bien. Deje cocinar a fuego alto, destapado hasta que el líquido se seque. Cuando esté seco, voltee moviendo de abajo para arriba. Baje el fuego y tape. Deje cocinar por 30 minutos mas hasta que el arroz este completamente cocinado. Añada las presas de pollo que tiene reservadas. Baje el fuego lo más que pueda y deje reposar por 5 minutos. Adorne con las tiras de pimientos morrones y los guisantes para servirlo.

Arroz con Recao

4-6 raciones

6 lonjas de tocineta
2 tazas de arroz grano largo
12 hojas grandes de recao
1 cebolla picadita
3 tazas de caldo de pollo
1 cucharada de sal

Coloque la tocineta en un caldero y dore hasta que estén tostaditas. Se retiran del caldero y se trituran. Añada la cebolla a la grasa de la tocineta y dore. Añada el arroz, mezcle bien y deje dorar. Añada el caldo de pollo y deje a fuego alto hasta que seque. Añada el recao que habrá cortado bien pequeñito, mueva y tape dejando a fuego bien bajo por 20 minutos.

Destape, mueva y añada la tocineta. Si el grano aún no está cocido, deje 5 minutos más. Sirva calientito.

Arroz con Bacalao

6-8 raciones

1/2 libra de filete de bacalao (si usa bacalao con espinas use doble cantidad de bacalao)
2 1/2 tazas de arroz grano largo
3 tazas de agua
3 cucharadas de sofrito básico (ver sección de sofrito y adobo)
3 cucharadas de salsa de tomate
2 onzas de jamón de cocinar
1 latita de guisantes
Lonjas de pimientos morrones

Desale el bacalao dejando en agua desde la noche anterior y cambiando el agua dos o tres veces. En un caldero ponga el aceite de achiote a calentar. Añada el jamón y sofría por 5 minutos. Añada el sofrito, sofría bien. Añada la salsa de tomate y el bacalao. Añada el arroz mueva bien para que todo una. Hierva el agua y agregue al caldero. Pruebe de sal pues es posible que no necesite, Dependiendo de cuanta sal le quedó al bacalao. De ser necesario añada sal.

Hierva a fuego alto hasta que el agua evapore. Cuando el arroz haya secado, muévalo, baje el fuego lo más que pueda y tape. Cocine por 25 minutos. Mueva ocasionalmente. Antes de servir adorne con pimientos morrones y guisantes.

Arroz Mamposteao

8-10 raciones

4 tazas de arroz
1/2 libra de jamón para cocinar
6 cucharadas de sofrito
2 cucharadas de aceitunas
4 dientes de ajo
2 cubitos de concentrado de pollo
1 lata de habichuelas rosadas
2 cucharadas de aceite
1/2 lata de salsa de tomate
2 sobres de sazonador con culantro y achiote
5 tazas de agua
1 cucharada de sal

Originalmente este arroz se preparaba con el arroz blanco y las habichuelas rosadas que sobraban del almuerzo. Se echaba aceite de oliva en una sartén, se doraban dos ajos machacados y algunas hojas de recao o de orégano brujo, bien cortaditas, y luego se añadían las habichuelas con todo y su salsa. Cuando estas estaban bien calientes, se le añadía el arroz blanco y se revolvía todo hasta que se mezclase bien y la salsa de las habichuelas se secase. Casi siempre se hacia esto en un fogón de leña y el olor que ésta le daba lo hacia mas apetitoso. Usted puede hacerlo en la estufa y es sabroso. Pero si no le han sobrado arroz y habichuelas y desea comerse un buen arroz mamposteao lo hace con los ingredientes ya mencionados y de esta manera: Lave el arroz y escurra. Sofría el jamón en los aceites. Agregue el sofrito, aceitunas y salsa. Añada las habichuelas y los sobres de sazonador. Sofría todo. Prepare un caldo con el agua y los cubitos. Añada el caldo al sofrito y cuando todo este hirviendo le añade el arroz, lavado y bien escurrido. Mueva bien y deje a fuego mediano, destapado, hasta que se seque. Ponga a fuego bien bajo, voltee y tape. Deje cocinar 20 minutos aproximadamente. Sirva caliente. Si usted y su familia disfrutan del pique, le puede añadir unas gotas del pique de su preferencia al sofrito, o servirlo con una botella de pique hecho en la casa. Esta es la receta:

Pique: Usando guantes de goma para protegerse del pique, selecciones 6 ajíes picantes. Hay varias clases y unos pican mas que otros, pero lo que mas se usan son los conocidos como caballeros.

Lávelos bien y córtelos para remover las semillas. Esta es la parte del ají que mas daño hace y es preferible no usarla. Coloque los ajíes en una botella bien limpia y écheles aceite de oliva que los cubra hasta la mitad. Eche vinagre, ajo machacado y sal hasta cubrirlos por completo. Tape bien y deje reposar por varios días moviendo bien todos los días. Agítese antes de usarse. Hay personas que prefieren preparar el pique en la licuadora.

Arroz con Habichuelas Blancas

6 raciones

1 taza de habichuelas blancas frescas o verdes
2 tazas de arroz grano largo o mediano
3 cucharadas de sofrito básico
1/2 lata de salsa de tomate

2 cucharadas de aceite
3 chorizos
3 tazas de agua o caldo básico
2 cucharaditas de sal
2 onzas de jamón de cocinar
Sal a gusto

Ablande las habichuelas hirviéndolas en un litro de agua. Resérvelas. En un caldero vierta el aceite de achiote, añada el jamón y sofría por 5 minutos a fuego alto. Quítele el pellejo a los chorizos y córtelos en ruedas. Agréguelos al caldero. Añada el sofrito y la salsa de tomate. Mueva bien. Lave y escurra el arroz y añádalo al caldero. Revuelva para que una. Agregue las habichuelas, escurridas, pero habiendo reservado el líquido, mida el líquido y use 3 tazas. Agregue ese líquido al arroz, mueva y cocine a fuego alto, destapado hasta que el líquido evapore. Mueva y baje el fuego lo más que pueda. Tape el caldero y cocine por 30 minutos. Mueva bien y sirva.

Arroz con Gandules y Carne de Cerdo

8-10 raciones

1 libra de carne de cerdo (preferiblemente costillas)
1 libra de gandules verdes ablandados o 2 latas de gandules verdes
4 tazas de agua

3 cucharadas de aceite de achiote
2 onzas de jamón de cocinar
3 cucharadas de sofrito básico
1/2 taza de salsa de tomate
3 cucharaditas de sal
3 tazas de arroz

Ponga a hervir los gandules con la carne de cerdo, en un litro de agua con 3 cucharaditas de sal. Cuando los gandules estén blandos y la carne tierna, baje del fuego y reserve. En un caldero caliente eche el aceite de achiote, añada el jamón de cocinar y sofría mas o menos 5 minutos. Añada el sofrito y la salsa de tomate. Agregue los gandules y la carne, bien escurridos, y sofría.
Agregue el arroz ya lavado y escurrido. Mueva bien para que todo mezcle.

Mida el agua que quedó después de hervir los gandules y la carne, compete 4 tazas y añada al caldero. Mueva bien y deje cocinar a fuego alto, destapado, hasta que el agua evapore. Tape el caldero y cocine a fuego bajo por 30 minutos. Mueva ocasionalmente para evitar que el arroz se peque del fondo.

Si tiene hojas de plátano, cubra el caldero con ellas y luego tápelo con una tapa regular. Este da un sabor apastelado al arroz. Al servirlo puede echarle por encima pedacitos de chicharrón picadito. O si lo lleva a la mesa en un platón, adorne este con los chicharrones. Hay personas que prefieren adobar la carne de cerdo desde el día antes, y luego seguir con el procedimiento de la receta. Si usa los gandules enlatados no tiene que hervirlos. Cueza la carne en una taza de agua y cuando esté blanda, le añade los gandules. Continúe el mismo procedimiento.

Arroz Apastelado
10-12 raciones

1 1/2 libra de arroz grano corto
1/4 de libra de jamón
1/2 cucharada de pasta de tomate
2 cucharadas de aceite con achiote
2 plátanos verdes rallados
3 tazas de agua
sal a gusto

1/2 libra de carne de cerdo picadita en cuadritos
3 cucharadas de sofrito
12 aceitunas
1 lata garbanzos
1 hoja plátano
1 lata pimientos morrones
adobo para carne
(Ver sección de Sofrito y Adobo)

Adobe la carne de cerdo varias horas antes de preparar esta receta. Sofría la carne y el jamón en un caldero con el aceite. Cuando la carne este bien sellada y dorada, añada el sofrito, pasta de tomate y las aceitunas. Después de unos minutos agregue los garbanzos (reserve el agua añadiéndola al agua que usaría para usar el arroz). Añada el plátano rallado revolviendo con un tenedor para que no se formen pedazos grandes. Cocine a fuego alto 5 minutos. Añada el arroz y el agua. Cocine a fuego moderado hasta que seque. Cúbralo con la hoja de plátano, tape el caldero con su tapa y deje a fuego bien bajo durante 25 minutos.

Adorne con los pimientos morrones y sirva con pique, una ensalada y un buen postre. Tiene una comida completa y deliciosa.

Arroz con Leche
4 raciones

1 taza de leche fresca
1 1/2 taza de agua
1/2 taza de arroz
1/2 cucharadita de sal

1/2 cucharadita de mantequilla
3 cucharaditas de azúcar
(opcional)

Este plato se usaba mucho cuando las personas estaban enfermas o a raíz de haberse purgado.

Ponga a hervir el agua, añada el arroz ya lavado y escurrido. Cueza por 15 minutos sin moverlo. Agregue la sal, leche y mantequilla y déjelo hervir. Baje el fuego a moderado y cueza por 15 minutos mas. Retire del fuego. Si lo prefiere mas aguado, échele más leche.

Paella
10- 12 raciones

A.
1 pollo de 2 1/2 libras picado en trozos pequeños
1/2 libra de carne de cerdo picadita
1/2 libra de camarones grandes hervidos
1/2 libra de langosta hervida y cortada en trozos
2 chorizos picados en ruedas
2 onzas de jamón de cocinar
12 almejas con sus conchas
B.
15 hebras de azafrán (puede ser achiote)
3 dientes de ajo machacado
1 cebolla picadita
1 tomate grande picado
8 cucharadas de salsa de tomate
C.
3 tazas de caldo básico de pollo
1 taza de agua donde se hirvieron los camarones
sal a gusto
D.
3 tazas de arroz grano largo
E.
1 latita de guisantes
1 latita de pimientos morrones
1 lata de espárragos

En una paellera o caldero grande, eche el aceite de achiote o aceite con azafrán. Dore las presas de pollo en este aceite, agregue el chorizo, la carne de cerdo, el jamón y las almejas. Deje cocinar a fuego bajo por 15 minutos. Agregue los ingredientes incluidos en B, mueva y deje cocinar por 5 minutos más. Añada los camarones, langosta y deje cocinar por 5 minutos adicionales. Añada el arroz. Una todo bien. Agregue el caldo de pollo y el agua donde hirvió los camarones. Pruebe la sal y añada la que necesite. Baje el fuego y tape la paellera, dejando cocinar por 30 minutos. Destape y mueva bien el arroz, y todos los ingredientes. Vuelva a tapar y cocine 10 minutos más, hasta que el grano ablande. Adorne con los guisantes, pimientos morrones y espárragos. Hay quienes prefieren hacer el caldo de cabeza de pescado en lugar del caldo de pollo. Muchas personas le añaden vino blanco substituyendo 1/2 taza de caldo por esa misma cantidad de vino.

Habichuelas Guisadas
8-10 raciones

1 libra de habichuelas coloradas o grano de su preferencia
1 1/2 litro de agua
3 ucharadas de aceite
2 onzas de jamón de cocinar
3 o 4 cucharadas de sofrito básico
2 hojas de culantro
1/2 taza de salsa de tomate
1 pedazo de calabaza cortada en trocitos

Remoje en agua las habichuelas desde la noche anterior. Escurra y coloque en una olla con 1 1/2 litros de agua. Hierva a fuego moderado hasta que éstas estén cocidas, y el grano blando pero firme. Se tardarán aproximadamente una hora en ablandar.

Descarte el exceso de agua, dejando las habichuelas con aproximadamente una taza de agua.

En una sartén caliente el aceite y sofría el jamón. Añada el sofrito y la salsa de tomate. Deje sofreír unos 5 minutos a fuego moderado.

Añada este sofrito a las habichuelas, mezcle bien y añada la calabaza. Cocine destapado a fuego bajo por 1/2 hora, hasta que la calabaza esté blanda y la salsa espesa.

Use este mismo procedimiento con las habichuelas rositas o blancas. Cualquier grano que sea seco se puede preparar con esta receta. Si usara granos frescos, verdes, no los remojará en agua. Los lavará bien y los hierve por 20 minutos, y continúa con el procedimiento de esta receta.

Puede usar 1/2 plátano rallado en substitución de la calabaza, o unos pedazos de plátano maduro.

Hay quien gusta de añadir una pizca de azúcar a las habichuelas cuando ya van a estar listas. Puede usar una lata de habichuelas ya cocidas y comience el proceso cuando sofría el jamón, etc.

Garbanzos con Patas de Cerdo

6-8 raciones

1 libra de garbanzos secos o 2 latas de garbanzos
1 1/2 libra de patas de cerdo
3 tazas de agua (para ablandar y desalar las patas de cerdo)

2 cucharadas de aceite de achiote
3 cucharadas de sofrito
1/2 taza de salsa de tomat

Se remojan los garbanzos desde la noche anterior. Las patas de cerdo también se remojan en agua, pero ambas cosas en envases distintos.

Al otro día descarte el agua de las patas de cerdo. Ponga las patas a hervir 5 minutos a fuego alto y descarte esa agua, (esto es para terminar de desalarlas). Hierva las patas otra vez, en agua fresca, mas o menos por 1 1/2 horas, hasta que ablanden. Descarte el agua donde remojó los garbanzos. Hiérvalos en agua fresca hasta que ablanden, más o menos 1 hora. No descarte esta agua.

En una sartén, a fuego alto, eche el aceite con achiote y añada el sofrito. Agregue la salsa de tomate.

Mezcle los garbanzos y la patas de cerdo con una taza del agua donde hirvió los garbanzos. Cocine destapado, a fuego bajo más o menos por 30 minutos, hasta que la salsa espese. Si desea le puede añadir unos pedazos de calabaza en esta ultima etapa. Sirva con arroz blanco Hoy es más fácil preparar este plato usando garbanzos enlatados los que añadimos al sofrito con el agua en que vienen. Podría ser necesario añadir un poco más de agua para que pueda hacerse una salsa. Las patas pueden comprarse frescas, o sea, desaladas. Si usa estas no tiene que desalarlas, simplemente las ablanda, hirviendo por aproximadamente 1 1/2 horas y continúe con la receta.

Garbanzada
6-8 raciones

2 lascas de tocineta
1/2 libra de chorizo
1/2 libra de repollo picado
2 tazas de agua
1/2 taza de sofrito (ver sección Sofrito y Adobo)
1/2 libra de calabaza
1/4 libra de jamón para cocinar
1/2 taza salsa de tomate
3 tazas de garbanzos hervidos, o 2 latas garbanzos
sal a gusto

    Dore la tocineta, escúrrala en papel toalla y corte en pedacitos. Corte el jamón en pedacitos y desmenuce el chorizo. Dórelos en la grasa que soltó la tocineta. Añada los garbanzos, salsa de tomate y el sofrito. Revuelva bien y deje cocinar 5 minutos. Agregue el resto de los ingredientes y déjelos destapados, a fuego moderado, hasta que comiencen a hervir, Tape, bajo el fuego y deje cocinar por 30 minutos. Destape, mueva y pruebe de sal. Ajústela de ser necesario. Deje destapado hasta que la salsa esté espesa. Sirva con arroz blanco.

Gandules con Bollitos de Plátano
10 raciones

1 libra gandules verdes
2 hojas de recao
2 o 3 hojas de orégano brujo
1 plátano bien verde
sal a gusto
1/2 taza de sofrito (ver sección sofrito)
2 ajíes dulces
1 cebolla mediana
5 tazas de agua

    Hierva los gandules con el recao, orégano brujo, cebolla y ajíes dulces, tapados, a fuego moderado, hasta que ablanden los gandules. Ralle el plátano, sazónelo y forme bolitas bien compactas. Al rallarlo, use el lado finito del rallo, si usa el que sale en lasquitas las bolitas no mantendrán su forma. Remueva las hojas o pedazos de cebolla de los gandules. Añada el sofrito y hierva. Agregue con cuidado las bolitas de plátano. Cueza a fuego lento, tapados. Hasta que las bolitas estén cocidas y la salsa espesita.

    Si usa los gandules enlatados, solo añada el sofrito, 1 taza de agua (además de la que traen los gandules), y las bolitas de plátano. Cueza a fuego lento, tapado.

Habas Guisadas con Calabaza
8-10 raciones

1 libra de habas cocidas (se ablandan como cualquier grano)
2 cucharadas de sofrito básico
2 cucharadas de aceite de achiote
1/2 lata de salsa de tomate
2 onzas de jamón de cocinar
1 chorizo pelado y picado en ruedas
1/4 taza de calabaza picadita
sal a gusto

    Remoje las habas en agua desde la noche anterior. Hiérvalas en agua fresca, por aproximadamente 1 1/2 o 2 horas. En una sartén coloque el aceite de achiote y el sofrito, cuando caliente sofría el jamón de cocinar y el chorizo. Sofría bien. Añada la salsa de tomate y cueza por 5 minutos. Agregue este sofrito a las habas. Añada la calabaza y deje cocinar destapado, mas o menos por media hora, o hasta que la calabaza este blanda y las salsa haya espesado.

Fettucini

6 - 8 raciones

1 libra de fettucini
1 bara de manequilla blanda
1/2 taza crema ágria
sal y pimienta
1/2 taza de queso parmesano rallado
1 yema de huevo

Hierva los fettucinis en agua con sal según instrucciones en la caja. Escurra bien y mezcle con la mantequilla
Hasta que queden bien cubiertos. Añada los otros ingredientes mezclando bien. Sirva bien calientes.

Espagueti con Salsa de Tomate y Queso

4 raciones

1/2 libra de espagueti
1 litro de agua
1/2 cucharadita de aceite de cocinar
1 cucharadita de sal
1 cucharadita de aceite de oliva
2 onzas de mantequilla o margarina
1/4 de taza de aceite de oliva
1 cebolla mediana picadita
3 dientes de ajo machacados
1/4 pimiento verde picadito
1 lata de salsa de tomate
2 cucharadas de sopa de tomate
1 lata de tomates enteros o 3 tomates frescos a los cuales se les tiene que quitar el pellejo
1/2 taza de caldo básico de pollo
1/4 cucharadita de adobo
1 pizca de azúcar
1/4 cucharadita orégano en polvo
queso parmesano rallado para polvorear

1. En una ollita eche el cuarto de taza de aceite de oliva y la mantequilla. Cuando estén calientes, añada la cebolla, pimientos y ajos y amortigüe. Añada los otros ingredientes y cuando hiervan, baje bien el fuego, tape y deje cocinar por 45 minutos. Esta salsa puede prepararse con anticipación, refrigerarla o congelarla.(no incluye el queso).
2. Ponga a hervir el agua junto a la cucharadita de aceite y sal. Cuando hierva añada los espaguetis. Deje hervir por 12 minutos. Escúrralos y enjuague en agua fría. Escurra bien y añádale la mantequilla para que no peguen.
3. Agregue la salsa a los espaguetis y mezcle bien. Hay quien prefiere no mezclarlos; servir los espaguetis y cada cual se sirve la salsa que desee. Polvoree con abundante queso parmesano, rallado.

Espagueti con Albóndigas

8 raciones

A.
(Albóndigas) 1 libra de carne de cerdo molida o 1/2 de cerdo y 1/2 de res
1 cucharadita de sal
2 rebañadas de pan especial
1/2 de taza de leche (para mojar el pan)
2 dientes de ajo machacados
1 cucharadita de aceite de oliva
1 cucharadita de sal
1 cucharadita de vinagre
1 huevo batido
aceite para freír

B.
1 libra de espagueti
2 litros de agua
1 cucharada de sal

C.
(Salsa) 1 cucharadita de aceite
1 cucharadita de mantequilla
2 cucharadas de sofrito
1 lata de salsa de tomate
1 taza de sopa de tomate
1 cebolla picadita
1/2 taza de agua o caldo básico
1 lata de tomates enteros
queso parmesano rallado
2 gotas de salsa inglesa

Adobe la carne con sal, ajo, aceite de oliva y vinagre. Moje el pan con la leche y únalo con la carne, amasando bien. Añada el huevo batido y forme bolitas (albondigas). Fría en aceite caliente hasta que queden selladas. Hierva el agua con la sal y el aceite. Cuando esté hirviendo agregue los espagueti y déjelos cocinar de acuerdo a las instrucciones de la caja. Escúrralos y lávelos en agua fría, escurriendo bien.

Prepare la salsa mezclando todos los ingredientes incluidos en C. Cueza a fuego alto por 5 minutos. Tape la olla y cocine a fuego bajo por 30 minutos, o mas. Mientras más tiempo deje la salsa, mejor sabor tendrá, pero deberá de mantener el fuego mas bajo que sea posible.

Añada las albóndigas ya fritas y selladas a la salsa y cueza a fuego bajo por 10 minutos. Añada la salsa con las albóndigas a los espaguetis ya escurridos. Puede mezclarlos todos, o servir individualmente los platos de espagueti y echar por encima la salsa. Polvoree con queso parmesano.

Espagueti con Salsa de Garbanzos y Chorizos

8 raciones

1 cebolla picada
2 dientes de ajo machacados
2 latas de garbanzos
1 pimiento verde picado
4 chorizos cortados en trozos
3 cucharadas de aceite de oliva
1 lata de tomates pelados y cortados
1 hoja de laurel

1 lata de 6 Oz. de pasta de tomate
1 cucharada de perejil picado
1/2 cucharadita de orégano en polvo
1/4 cucharadita de pimentón
1 libra de espaguetis
1/2 taza queso parmesano rallado

En una sartén, sofría en el aceite la cebolla, el pimiento, ajo, y chorizos. Escurra los garbanzos y mida el líqido. Agregue suficiente agua para obtener 2 1/2 tazas de líquido. Añada los garbanzos a la mezcla en la sartén. Revuelva bien. Añada el líquido, tomates pasta de tomates, laurel, sal pimentón y orégano. Revuelva y cocine destapado a fuego lento, por al menos una hora. Revuelva de vez en cuando. Si se secan mucho, añada mas líquido, bien sea agua o caldo.

Hierva los espaguetis siguiendo las indicaciones del paquete. Escurra bien y vierta en una fuente regando la salsa por encima. Espolvoree con el queso rallado.

Canelones

6 raciones

A.
1/2 libra de canelones
1 litro de agua
1 cucharadita de sal
Unas gotitas de aceite
B.
1 libra de carne de relleno
(cerdo, res o pollo)
 (Receta de picadillo de carne)
C.

2 cucharadas de aceite de oliva
1/2 lata de salsa de tomate
2 cucharadas de salsa de espagueti (comercial)
2 cucharadas de sopa de tomate
1 cebolla pequeña picadita
1/2 taza de caldo básico (pollo)
1 taza de queso mozarella rallado

Prepare la carne de relleno. (Ver la receta de carne molida guisada, picadillo). Ponga a hervir el agua con la sal y gotitas de aceite. Cuando esté hirviendo añada los canelones. Siga las instrucciones de la caja de los canelones para el tiempo de cocción. Cuando ya estén, escúrralos, enjuague en agua fría, y vuelva a escurrir. Añada la mantequilla y mueva con mucho cuidado para que no se rompan. (Siempre se rompen algunos al hervir así que hierva más de los que necesita.)

Prepare la salsa con los ingredientes incluidos en C, menos el queso. Eche el aceite de oliva en una ollita y cuando este caliente le añade la cebolla. Cuando ésta esté amortiguada, le añade los otros ingredientes y los deja a fuego lento, tapado, por 30 minutos.

Rellene los canelones usando una cucharadita para introducir la carne adentro de estos. Colóquelos en una camada, en molde rectangular, previamente engrasado. Vierta la salsa sobre los canelones y luego el queso rallado. Si tiene más canelones y no los puede acomodar en una camada, prepare otro molde. Tape bien el molde, con papel de aluminio, y cueza por 30 minutos a 350 grados.

Canelones Fritos

1 caja de canelones
queso de bola

aceite para freir

Prepare los canelones de acuerdo a las instrucciones de la caja. No los deje ablandar mucho, retírelos del fuego tan pronto estén cocidos. Escurra y enjuague en agua fría. Colóquelos sobre papel toalla para secarlos bien. Es necesario hacer todo este procedimiento con mucha delicadeza porque se rompen con facillidad. Corte el queso de bola en tiritas que quepan dentro de los canelones y rellénelos. En un caldero pequeño caliente el aceite y fría los canelones, no mas de tres a la vez. Fría hasta que estén doraditos. Sirva calientes..

Macarrones con Pollo

A.
1 libra de macarrones
2 litros de agua
1 cucharada de sal
unas gotas de aceite

B.
3 pechugas de pollo picadas en trocitos
2 dientes de ajo machacados
1 cucharadita de vinagre
1 cucharadita de sal

C.
2 cucharadas de aceite de oliva
2 cucharadas de sofrito básico
1/2 taza de salsa de tomate
1 cebolla pequeña picadita
2 cucharadas de salsa para espagueti (comercial)
2 cucharadas de caldo básico de pollo
queso parmesano rallado

Prepare la carne adobándola con ingredientes con ingredientes incluidos en B. Déjela reposar por media hora para que coja el gusto.

En un caldero ponga el aceite y cuando este caliente añada la cebolla, luego el sofrito, mezclando bien. Baje el fuego, añada la salsa de tomate y la salsa de espagueti junto con el caldo. Agregue las pechugas cortadas en cuadros y deje cocinar por 30 minutos, a fuego bajo, bien tapado.

Ponga a hervir el agua con la sal y el aceite. Cuando esté hirviendo añada los macarrones. Deje hervir 15 minutos. Escurra y enjuague en agua fría. Vuelva a escurrir bien.

Agregue la salsa a los macarrones y mezcle bien. Puede añadir el queso parmesano rallado y mezclar con los macarrones, o servir los macarrones y polvorear individualmente.

Lasagna

8-10 raciones

2 cucharadas de aceite de oliva
1 cebolla picadita
2 dientes de ajo machacados
1/4 cucharadita de orégano en polvo
1 cucharadita de sal
1/4 cucharadita de pimienta
1 libra de carne de res molida, o (1/2 libra carne de cerdo y 1/2 libra de res)
1 lata salsa de tomate
1 lata pasta de tomate

1 taza caldo de res
1/2 taza de vino seco

1 libra queso ricotta
1 libra queso mozarella
1/4 libra queso parmesano rallado

1 libra de pasta de lasagna
5 litros de agua
1 cucharada de sal
1 cucharada de aceite de oliva

Prepare la salsa con anticipación. Si usa la mezcla de carne de cerdo y de res, mézclelas bien. Sofría la cebolla y ajos en el aceite. Añada la carne molida y mueva para que la carne no forme grumos. Dore la carne bien y añada los otros ingredientes de la salsa. Deje tapada, a fuego lento por una hora.

Puede usar queso ricotta o substituto por cottage cheese. Ablándelo bien con tenedor. Corte el queso mozarella en tajadas finas.

Ponga el agua a hervir con la sal y el aceite. Cuando hierva le añade la lasagna y la deja hervir por 12 minutos, o según las instrucciones del fabricante. Cuando esté suave pero sin que se desbarate, las saca del agua caliente y las enjuaga en agua fría. Las escurre y las coloca sobre un paño seco.

Engrase un molde rectangular y coloque una camada de lasagna, la cubre con la salsa de carne y sobre esta riega los quesos. Continúa repitiendo este procedimiento hasta terminar con tiras de lasagna. Riegue por encima con salsa y polvoree con queso parmesano. Hornee a 325 grados por 45 minutos. Da 8 raciones

Marota, Marifinga y Funche

En los años 40, los Estados Unidos entraron activamente en la Segunda Guerra Mundial. Los barcos que nos traían los alimentos a Puerto Rico se usaron para dar servicios a las tropas y también dejaron de cruzar por estos mares ante el temor de ser atacados por submarinos alemanes que llegaban hasta estas latitudes. Como consecuencia, escasearon alimentos que no se producían aquí, tales como la harina de trigo, mantequilla, carnes enlatadas y muy en especial el arroz. Fue necesario buscar substitutos para estos productos tan esenciales en nuestro diario vivir.

Siempre habíamos usado la harina de maíz como parte de nuestra dieta pero entonces se convirtió en el pan nuestro de cada día. Se llamo funche, marota, marifinga. Se preparaba en combinación con otros alimentos, según la capacidad económica de cada cual. Había muchas veces que aún teniendo el dinero no se podía conseguir lo que se necesitaba y era necesario recurrir a familiares o amistades que tuviesen fincas donde criasen aves, cerdos, ganado o viandas y vegetales.

Funche
6 raciones

4 tazas de agua **1 cucharada de manteca o aceite**
1 taza de harina de maíz **1 cucharadita de sal**

Mezcle el agua, sal y harina y cueza a fuego bien bajo, moviendo todo el tiempo hasta que hierva y espese. Añada la manteca y mezcle bien. Se sirve caliente. Se puede acompañar con habichuelas guisadas, substituyendo el arroz, o con bacalao guisado.

Funche de Pescado
6-8 raciones

1 libra de pescado	1 taza de harina de maíz
6 tazas de agua	2 ajíes dulces picaditos
1 cebolla picadita	1 1/2 cucharadita de sal

Hierva el pescado con la cebolla, sal y ají dulce. Desmenuce y reserve 3 tazas del agua donde hirvió el pescado para preparar el funche. Deje refrescar. Añada la harina a esa agua que había reservado y mueva bien. Agregue el pescado y sal a gusto. Mueva hasta que la harina esté cocida y espese. Puede substituir el pescado por bacalao. En ese caso, lo pone en agua desde la noche anterior, para desalarlo. Cambie el agua y lo pone a hervir. Vuelve y le cambia el agua y la deja hervir nuevamente hasta que ablande el bacalao. Lo desmenuza y reserva 3 tazas de agua para preparar el funche. Continúa con el procedimiento anterior, para preparar el funche.

Polenta
8 raciones

1/4 taza queso parmesano	4 dientes de ajo
5 tazas de agua	2 cucharadas de sal
1 cebolla picadita	1/4 taza de mantequilla o manteca
2 tazas de harina de maíz	1 receta de pollo en fricasé

Esta era una de las muchas maneras de servir la harina de maíz y todavía es favorita de muchas personas. Es deliciosa, nutritiva y la puede preparar con anticipación, horneándola cuando la vaya a consumir. Mezcle la harina, sal y agua y cocine a fuego lento, moviendo continuamente hasta que hierva. Baje bien el fuego y tape. Dore los ajos en la manteca, luego de haberlos machacado bien. Retírelos de la manteca y añada esta a la harina. Mueva bien. Asegúrese que la harina está bien dura, que se despegue del fondo del caldero cuando le pasa la cuchara. Esparza la mitad sobre un molde engrasado.

Desmenuce el pollo que preparó para fricasé y mezclado con la salsa de este, lo riega sobre la harina de maíz. Cúbralo con el resto de la harina y polvoree con el queso rallado. Hornee a 350 grados por 30 minutos. Sirva con plátanos maduros asados o en almíbar y una buena ensalada.

Viandas y Ensaladas

Viandas y Ensaladas

Resulta increíble pensar que Puerto Rico siendo una isla de 35 por 100 millas tenga diferencias regionales en los nombres dados a determinados alimentos y objetos. En el sur y el oeste los guingambos se conocen como molondrones; los pastelillos de San Juan son empanadillas en Mayagüez; las empanadas de yuca del sur se llaman empanadillas en Loiza. El caldero puede conocerse como olla y a la cacerola algunos le llaman cazo... Cuenta un amigo que fue a almorzar a una fonda en Humacao y oyó a alguien pedirle al mozo que le trajese un plato de pichones, y el pidió lo mismo. Su sorpresa fue enorme, y su frustración mayor, cuando en lugar del plato de palomas que el esperaba, le trajeron un plato con pedazos de panapén hervido.!!!

Como quiera que las llamemos, tenemos infinidad de deliciosas y nutritivas viandas que podemos usar en nuestra dieta diaria y que son saludables, nutritivas y económicas. Hace algunos años pasaban revendones o verduleros que llevaban a nuestros hogares las viandas y las verduras de nuestros campos. Ya casi no se ven, pero podemos comprar estas en los supermercados o en la plaza del mercado del pueblo. Un plato de viandas hervidas, servidas con aceite de oliva, preparadas en puré o en un sancocho hacen las delicias de todos. Aunque nuestras ensaladas siempre han sido sencillas, se puede conseguir buena variedad de ingredientes para las mismas. Desde el chayote, berros, lechugas, repollo, lerenes, habichuelas tiernas, pimientos y ajíes se producen y se consiguen fácilmente.

Para aderezar las ensaladas es deseable tener a mano un buen surtido de recao, ajíes dulces, orégano, orégano brujo, albahaca y jengibre, entre otros ingredientes. Aún viviendo en un apartamento puede tener un pequeño huerto si tiene un balcón donde puede colocar al sol tiestos con estas plantas. Las consigue en casi todos los supermercados y son fáciles de cultivar. En Puerto Rico las ensaladas eran sencillas y preparadas en su mayoría a base de lechuga de hoja larga, que llamamos lechuga del país. Esta era la que se producía aquí, al igual que los berros. Los berros eran conocidos como tapa-rotos, porque decían que curaban la tuberculosis y los recomendaban como un gran alimento para las muchas personas que en aquel entonces sufrían de esta enfermedad. Hoy sabemos que son ricos en hierro y que realmente son muy alimenticios. La lechuga y los berros se lavaban bien y se escurrían. Se ponían en un platón con tomates y se aderezaban con sal, aceite y vinagre. Cuando los aguacates estaban en su época se le añadían a las ensaladas y hacia las delicias de todos. También se consumían las habichuelas tiernas, solas o acompañadas de chayotes o tajadas de papas.

Tostones de Plátano Verde

12 tostones

3 plátanos bien verdes — **sal**
3 ajos machacados (opcional) — **agua**
aceite para freír

Monde los plátanos y parta en ruedas sesgadas, como de 3/4 pulgada de grueso. Póngalos en agua con sal y los ajos machacados, (que queden cubiertos). Déjelos reposar por 1/2 hora. Escurra bien y fríalos en aceite bien caliente hasta que estén cocidos. Saque del aceite y aplaste en una tostonera o colocándolos entre dos pedazos de una bolsa de papel y apretándolos. Sumerja en el agua con sal y fría de nuevo, hasta que doren.

Si desea congelarlos debe hacerlo después que los aplaste y antes de freír por segunda vez. De esa manera saben más frescos cuando los prepare, pasándolos de nuevo por aceite caliente.

Frituras de Yautía
6-8 raciones

2 tazas de yautía rallada
1 cucharadita de sal
1 huevo

1/4 taza queso blanco del país
aceite para freír

Monde y ralle la yautía. Añada la sal, el huevo ligeramente batido y el queso rallado. Mezcle bien. Fría en aceite caliente, echando cucharadas de la mezcla. Cuando estén doraditas, sáquelas y escurra sobre el papel absorbente.

Barrigas de Vieja
10-12 frituras

1 libra calabaza
Pizca de sal
1 cucharada mantequilla derretida
2 huevos
2 cucharadas de azúcar

1/2 taza harina de trigo o maicena
1/2 cucharadita de canela en polvo
1/4 cucharadita clavos de especia
aceite para freír

Monde y hierva la calabaza y májela. Agregue los otros ingredientes y mezcle bien. Fría por cucharadas en aceite bien caliente. Cuando doren por un lado las voltea. Coloque en papel absorbente para que drenen el aceite que han absorbido.

Jibaritos Envueltos
12 raciones

12 guineitos niños maduros
1 1/2 taza harina de trigo
1 1/2 taza de agua

1 cucharadita de sal
aceite para freír

Monde los guineitos. Combine la harina de trigo, sal y agua. Mezcle bien. Sumerja cada guineito en esta mezcla. Cójala con una cuchara de cocina y échela a freír en abundante aceite caliente hasta que doren y estén tostaditos. Escurra bien en papel absorbente. Sirva caliente.

Tostones de Panapén

20 raciones

1 panapén
3 ajos machacados
aceite para freír

1 cucharada de sal
3 tazas de agua

Pele la pana y corte en tajadas a lo largo. Remueva bien el corazón (tripas), y corte en pedazos como de 1 pulgada. Póngalos en agua con sal y ajo; que queden bien cubiertos. Escurra. Fría en aceite bien caliente y cuando estén cocidos los saca del aceite. Los aplasta en una tostonera o entre pedazos de papel de bolsa. Los moja en el agua y echa a freír de nuevohasta que se doren. Escurra bien y sirva.

Mofongo de Plátanos o Guineos Verdes

2 mofongos

2 plátanos verdes
2 ajos pequeños machacados
1/4 libra chicharrón
o 4-6 lonjas de tocineta frita bien tostadita

sal a gusto
aceite para freír
agua de sal

Pele y corte los plátanos en trozos sesgados como de 1/2 pulgada de espesor. Remójelos en agua de sal por 5 o 10 minutos. Fría en aceite caliente, cuidando que se cocinen pero que no se tuesten. Divida los plátanos, el chicharrón y el ajo en 2 partes iguales. En un pilón machaque bien el ajo. Añada las ruedas de plátano aplastando y majando bien. Agregue una cucharadita del aceite en que frió los plátanos para que la mezcla se suavice. Añada el chicharrón y sal a gusto formando una bola. Repita el procedimiento. Sirva caliente. Puede formar un hueco y rellanarlos con picadillo de pollo, pavo o guisado de camarones o langosta.

Ñame en Escabeche

4-6 raciones

1 ñame mediano
4 tazas de agua
2 cucharaditas de sal
1 taza de aceite de oliva
2 cebollas medianas

2 dientes de ajo machacados
1/2 taza de vinagre
2 hojas de laurel
1 cucharada pimienta en grano
aceitunas y alcaparras a gusto

Monde el ñame y corte en trozos medianos. Cocine en fuego moderado en agua y sal hasta que ablande. En una sartén sofría la cebolla y los otros ingredientes, hasta que la cebolla se vea transparente. Retire del fuego y vierta sobre el ñame cocido. Sirva caliente o a temperatura ambiente. Puede adornar con rueditas de pimiento. Esta receta puede hacerse con yautía, malanga, yuca o panapén.

Arañitas
8 raciones

2 plátanos verdes
2 cucharaditas de sal

1/2 litro de agua
aceite para freír

Las arañitas pueden hacerse de plátanos o guineos bien verdes. Monde y ralle los plátanos por el lado del rallo que sale en tiritas. Remoje en el agua con la sal. Caliente en caldero con abundante aceite. Coja un puñadito de tiritas y las une un poco con los dedos sin apretar demasiado. Fría en aceite caliente hasta que doren, escurra en papel absorbente y polvoree con sal de ajo.

Plátanos Maduros en Almíbar
12 raciones

4 plátanos bien maduros
1/2 taza de azúcar negra
1 taza de agua o vino tinto
3 rajas de canela

1/4 libra mantequlla
2 cucharadas de miel de abeja
(opcional)

Los plátanos deben de estar tan maduros que se vean negruzcos. Pélelos y corte en 2 o 3 pedazos. Coloque la mantequilla en una sartén grande y pesada. Derrítala y dore en ella los plátanos, volteando para que doren alrededor. Eche el azúcar y dore. Añada el agua y la canela. (Hay quienes substituyen el agua por vino tinto, o mitad y mitad.) Baje el fuego y tape. Después de unos minutos añada la miel de abeja. Cueza a fuego bien bajo hasta que los plátanos estén blandos y se vean esponjados.

Este plato es un delicioso acompañante de pastas, de arroz con calamares o de prácticamente lo que usted desee. En Mayagüez y en el sur de la isla se considera como parte del plato principal y en muchas familias se preparaban a diario y se comían con el arroz y los granos. Sin embargo, en otras partes de la isla lo consideran como postre.

Batatas de Fiesta
8-10 raciones

3 libras de batatas blancas
1/2 taza de leche caliente
1/4 taza azúcar negra
"marshmallows" malvaviscos

4 rajas de canela
1/4 libra mantequilla
1/3 taza azúcar blanca

Monde las batatas y coloque en olla grande. Cubra con agua y añada la canela. Hierva hasta que las batatas estén bien blandas. Escurra y bata en batidora con la mantequilla y leche, si aun se notan muy secas añada un poco del agua en que hirvieron, hasta que estén suaves y sin grumos. Añada el azúcar blanca y mezcle. Vierta en molde engrasado y ponga por encima pedacitos de mantequilla (adicional al 1/4 de libra que ya usó), y el azúcar negra. Coloque en horno a 350 grados por 15 minutos. Coloque los marshmallows y lleve al horno por 15 minutos más. Sirva caliente o a temperatura ambiente. Es un gran acompañamiento para pavo, pollo asado o jamón al horno.

Boronía o Alboronía de Chayote

6 raciones

3 chayotes
1/2 taza de sofrito
2 cucharadas aceite de oliva

1/2 cucharadita de sal
1/4 libra de queso blanco
6 huevos batidos

Corte los chayotes a lo largo en pedazos. Hierva en agua con sal hasta que estén cocidos. Saque del agua, refresque, pele, corte en pedazos y descarte el corazón fibroso del centro. En un sartén pesado, eche el sofrito, añada los huevos, sazone con sal y pimienta si gusta, añada los lchayotes mientras mueve. Cuando los huevos comiencen a secar añada el queso rallado. Sirva caliente.

Guanimes de Maíz

12 guanimes

Los guanimes son como pasteles, pero no se rellenan. Se prepara una masa de maíz, plátano o calabaza, se envuelven en hojas de plátano y se hierven. Es un plato muy antiguo en nuestra tradición.

1 libra de harina de maíz
1 cucharadita de sal
2 cucharadas de azúcar

1/2 cucharadita de anís en grano
1/4 taza de agua
1 taza de leche de coco

Mezcle la harina, sal y azúcar. Hierva el anis en el agua y añada ésta a la leche de coco. Mezcle la leche y harina y forme una masa compacta. Divida la masa en 12 bolitas.
Prepare las hojas de plátano limpiándolas bien y luego pasándolas por la hornilla. Engrase con margarina, extienda una bolita de masa, alargada, con forma de sorullo, enrolle y amarre a ambos extremos. Hierva en agua con sal por 30 minutos. (Los añade al agua una vez ésta hierva).

Guanimes de Maíz y Calabaza

14-16 guanimes

1 libra de calabaza
1 cucharada de mantequilla
azúcar y sal al gusto

1 libra harina de maíz
1 taza de leche de coco
2 rajas de canela

Pele, corte y hierva la calabaza. Cuando esté cocida la maja. Caliente la leche con la mantequilla, azúcar, canela y sal. Mezcle con la calabaza y añada la harina de maíz. Mezcle bien. Continúe con el procedimiento como en la receta anterior.

Guanimes de Plátano

8-9 guanimes

3 plátanos verdes o pintones
(medio maduros)
1/2 taza de leche de coco

1/2 taza de azúcar
1 cucharadita de sal
1 cucharadita de anís en grano

Monde los plátanos y remoje en agua con sal por 30 minutos. Escurra y ralle por la parte fina del rallo. (Puede utilizar el procesador de alimentos.) Añada la leche de coco, sal, azúcar y anís.

Prepare hojas de plátano como en la receta anterior y siga el mismo procedimiento.

Coliflor en Vinagreta
6 raciones

1 coliflor mediana
3 cucharadas de vinagre de vino
2 cucharadas de mantequilla
2 cucharadas pimiento verde picado

2 cucharadas pimiento morrón picado,
1/2 taza de cebolla picada
1/2 cucharadita sal
1 cucharada de azúcar

Abra la coliflor sin romper las ramitas, y cocine en agua con sal unos minutos hasta que se amortigue la hoja. Combine el resto de los ingredientes en una cacerolita y cocine a fuego lento unos minutos. Cuando vaya a servir, vierta la salsa sobre la coliflor. Puede usarse como acompañante para carnes o pescado.

Ensalada de Habichuelas Blancas
4 raciones

1 taza de habichuelas blancas frescas
2 dientes de ajo machacado
1/2 cucharadita de sal
2 cucharadas de aceite de oliva
1/2 pimiento rojo o verde picado

1/2 cebolla cortada en ruedas finas
2 cucharaditas de vinagre de ensaladas
hojas de lechuga del país o americana

Hierva las habichuelas en un litro de agua con 1 cucharadita de sal. Estas habichuelas frescas se ablandan fácilmente, toman 10 a 15 minutos. Déjalas ablandar, pero que estén firmes. En un pilón machaque los ajos con la sal y una pizca de azúcar (opcional), formando una pasta. Agregue el aceite de oliva y el vinagre. Escurra bien las habichuelas y viértalas en un platón de ensalada. Échele por encima todo el aderezo que molió en el pilón. Agregue los pimientos picaditos y las ruedas de cebolla. Adorne con la lechuga alrededor.

Puede hacer la ensalada mezclando diferentes granos tales como habichuelas blancas, rosadas o garbanzos.

Ensalada de Chayote
6 raciones

4 chayotes
1 lata grande de habichuelas tiernas
1/2 taza de aceite de oliva

2 ajos machacados
3 hojas de recao picadito
3 cucharadas de vinagre
1 cebolla pequeña picadita

Parta los chayotes en 6 pedazos y hierva en agua con sal hasta que ablanden. Retire del agua y deje refrescar.

Pele, quite el corazón y corte en pedazos pequeños. Una todos los ingredientes y deje reposar un rato antes de servir. Sírvase a temperatura ambiente.

Ensalada de Papas
12 raciones

6 huevos
3 libras de papas
2 cebollas grandes
2 tallos de apio (celery)
3 manzanas
1 lata guisantes pequeños

1/2 taza aceite de oliva
1/4 taza de vinagre
2 cucharaditas de sal
1 cucharada azúcar
1 lata pimientos morrones
1/2 taza mayonesa

Hierva los huevos para que queden duros. Deje enfriar y corte en cuadritos pequeños. Pele, corte en cuadritos y ponga a hervir en agua de sal las papas. Este muy pendiente de que no se desbaraten. Escúrralas y deje refrescar. Mezcle con los huevos. Corte bien pequeñita la cebolla. Si lo desea, rállela en vez de cortarla, para que no se encuentren los pedazos. Lave bien el apio y quite las fibras duras que pueda tener. Píquelo bien pequeño. Pele las manzanas, córtelas en pedacitos y añada todo esto a las papas.

Prepare una salsa con el aceite, vinagre, sal, parte del líquido de los guisantes y la mayonesa. (La mayonesa es opcional) Añada a los otros ingredientes y una con cuidado de no desbaratar las papas. Coloque en fuente donde habrá de servirla. Adorne con pimientos morrones y adorne alrededor con guisantes.

Ensalada de Tomates y Pepinillo
4 a 6 raciones

2 o 3 pepinillos medianos
2 o 3 tomates medianos
1/4 libra queso feta (leche de cabra)
2 cucharadas aceite oliva

1 cucharada vinagre de ensalada
1 cucharadita de perejil seco
ramito de hojas de albahaca picaditas

Monde y corte los pepinillos en rueditas finas. Corte los tomates en tajadas finas. Colóquelos en un platón en un círculo alternando los pepinillos con los tomates. Maje el queso con un tenedor. Agregue el aceite, el vinagre y el perejil. Vierta sobre la ensalada. Adorne con las hojitas de albahaca.

Postres

Postres

El postre es el toque final de la comida y nos da la oportunidad de redondear el menú desde el punto de vista nutritivo, incluyendo en el los alimentos que puedan faltar en el resto de la comida. En la mayoría de los hogares puertorriqueños se sirve algún tipo de postre, aunque sea un sencillo pedazo de pasta de guayaba con queso blanco o una fruta en almíbar que se saca de una lata. Es tan arraigada la costumbre, que si comemos y no tenemos algo dulce, nos hace falta y buscamos algún caramelo o substituto del postre.

Los postres que hoy preparamos son distintos de otros tiempos pasados por las limitaciones que se tenían. Como ya se ha mencionado, los fogones eran de carbón, los que tenían un horno era algo sencillo y resultaba errático controlar su temperatura. Muchos postres se hacían en una olla en el fogón, colocándoles carbones encendidos sobre la tapa para calentar la mezcla por arriba y por debajo. Las neveras de hielo, no eléctricas, no permitían la preparación de ciertos postres que requieren temperaturas bajas y uniformes.

Los postres usuales eran frutas en almíbar, pastas de frutas, natillas, tembleque, majarete, arroz con dulce, torrejas y buñuelos de viento, todos ellos sin necesidad de horno o nevera. Los flanes y budines eran más elegantes y los bizcochos eran para ocasiones especiales como bodas y santos.

Los postres se servían después de las comidas pero también cuando llegaba una visita. Una de las cosas que se enseñaba a los niños era que había que comerse todo lo que se le ponía en el plato, pero cuando se iba de visita y le daban alguna golosina era necesario dejar un poquito. Eso se llamaba "dejar el cumplido" y era señal de buena educación...

En la década de los 30 se comenzó a celebrar los cumpleaños de los niños ya que hasta entonces la fiesta que se celebraba era el día de su santo. Muchas veces resultaba ser el mismo día ya que usualmente el nombre que se le daba a un recién nacido era el que correspondía al Santo de ese día. Se sabia que San Pedro era el 29 de junio, San José el 19 de marzo, San Rafael el 24 de octubre y la Virgen del Carmen el 16 de julio.

Natilla

6 raciones

4 yemas
3/4 taza azúcar
1/2 cucharadita de sal
6 cucharadas maicena
3 tazas de leche

1 cucharadita de vainilla o cáscara de limón
4 claras
4 cucharadas de azúcar

Bata las yemas hasta que cambien de color. Añada el azúcar y la sal, poco a poco, batiendo bien. Agregue la leche lentamente y luego la vainilla o cáscara de limón, según su preferencia. Coloque la maicena en una taza y añádale poco a poco, batiendo todo el tiempo, 1/4 de taza de la leche con huevos que ya preparó. Una vez disuelta la maicena, agregue esta al resto de la leche, moviendo y uniendo bien. Cueza a fuego lento, moviendo constantemente con cuchara de madera, hasta que hierva y espese. Vierta en platitos hondos o en copas. Enfríe y bata las claras a punto de merengue, añada el azúcar batiendo bien. Coloque sobre las natillas usando una manga de decorar si no la tiene, puede hacer un cucurucho con papel encerado, colocar en el unas cucharadas del merengue, y apretarlo con la mano para que salga el merengue por la punta. Puede polvorear con grajeas o colocar una cereza sobre el merengue. También puede omitir el merengue y solo polvorear con canela. Puede también preparar la receta para caramelo que se usa para acaramelar los moldes de los flanes y vertír el caramelo inmediatamente sobre las natillas. Sirva bien fría.

Dulce de Leche
4 raciones

1 lata leche evaporada
Jugo de 1 limón verde

1 1/2 taza azúcar
1 cucharadita vainilla

Mezcle la leche con el jugo de limón y deje reposar unos minutos para que la leche corte. Añada azúcar y cueza a fuego mediano bajo, moviendo ocasionalmente con cuchara de madera hasta que hierva y forme grumos.
Añada la vainilla. Refresque.

Majarete con Coco
8 raciones

A.
4 tazas leche de coco o 2 latas leche de coco
1 taza harina de arroz
3/4 taza azúcar
1/2 cucharadita de sal
2 cucharaditas de mantequilla
cáscara de limón verde

B.
1/2 taza de agua
2 rajas de canela
1 cucharadita de anís en semillas
1/2 taza de azúcar
gotas de limón

Hierva por 5 minutos los ingredientes del grupo B y los cuela. Mezcle la harina, sal y azúcar. Añada muy lentamente la leche moviendo bien para disolver la harina. Añada el sirup hecho con el grupo B. Cueza a fuego moderado moviendo continuamente hasta que empiece a hervir. Añada la mantequilla, baje el fuego y mueva hasta que despegue de los lados. Retire de la estufa. Vierta en molde y polvoree con canela. Si gusta añádale agua de azahar a la mezcla antes de cocinarla.

Mundo Nuevo
6-8 raciones

4 Tazas de leche de coco
1 taza azúcar
1 1/4 taza harina de maíz

1/2 cucharadita de sal
2 rajas de canela
canela en polvo

En un calderito pequeño o en una cacerola pesada, mezcle la harina, azúcar y sal. Añada la leche y la canela en rajas poco a poco mezclando bien. Cueza a fuego moderado moviendo con cuchara de madera constantemente. Cuando despegue bien de los lados del caldero, retire del fuego. Vierta en platón húmedo y polvoree con canela.

Tembleque
8 raciones

A.
1/2 taza de agua
2 rajas de canela
1 cucharada de semillas de anís
gotas de jugo de limón
1/2 taza de azúcar
B.
4 tazas de leche de coco o 2 latas de leche de coco
3/4 taza maicena
1 taza azúcar
1/4 cucharadita sal
C.
canela en polvo

Mezcle los ingredientes de A. Hierva a fuego lento por 5 minutos. Refresque y cuele. Disuelva la maicena en un poco de la leche de coco. Añada el resto de la leche de coco y todos los ingredientes de B y la mezcla preparada con los de A. Cueza a fuego lento moviendo constantemente hasta que hierva y note que ha espesado. Retire del fuego y vierta en copas o platos humedecidos. Polvoree con canela. Refrigere.

Cazuela
12-14 raciones

2 libras batata blanca
2 libras calabaza (firme y dura)
1/4 taza maicena o harina de trigo
1/4 libra mantequilla derretida
1 taza de leche de coco
4 huevos ligeramente batidos

2 1/2 tazas azúcar
1 cucharadita de sal
1/2 taza de agua
1 pedazo de jengibre machacado
2 rajas canela
8 clavos de especia
Canela en polvo

En la media taza de agua, hierva el jengibre, rajas de canela y los clavos, por 5 minutos. Cuele y reserve. Monde y corte en pedazos la batata y la calabaza. Hierva en agua con sal hasta que esté bien blanda. Escurra y maje mientras están calientes. Puede majarlas en procesador de alimentos o batidora. Añada la mantequilla y mezcle bien. Añada la leche de coco poco a poco y mezcle bien. Continué añadiendo los huevos, luego el azúcar, la sal, la harina de trigo batiendo para unir bien. Luego añada el agua donde hirvió las especias. Mezcle bien y vierta en molde rectangular 13x9, engrasado, y cueza en horno caliente a 350 grados, por una hora, o hasta que un palillo insertado en el centro salga limpio. Retire del horno y deje refrescar. Polvorear con canela. Sirva a temperatura ambiente.

Mantecaditos (Polvorones)
40 mantecaditos

1/2 taza de mantequilla (1 barra)
1/2 taza manteca vegetal (1/4 libra)
1/2 taza azúcar

1 cucharadita de extracto de almendras
3 1/2 tazas de harina de trigo
pasas o cerezas

Ablande la manteca y la mantequilla y bata juntas. Agregue el azúcar poco a poco, batiendo, igual el extracto de almendras. Añada la harina y si no puede batir con cuchara o batidora, por estar muy dura la mezcla, usar las manos.

Forme bolitas y coloque sobre molde de metal para hacer galletitas, sin engrasar. Aplástelas y coloque pasa o pedacito de cereza hundiéndolas un poco en la bolita. Hornee a 350 grados por 20 o 25 minutos, o hasta que doren. Remueva del horno y con una espátula retire los mantecaditos y coloque sobre parrilla para enfriar. Luego de fríos, guarde bien tapados y duran varias semanas.

Nísperos de Batata
30 nísperos

1 taza leche de coco
2 libras batatas blancas
1/4 cucharadita sal
3 1/2 tazas de azúcar
1 yema de huevo
3 rajas canela
canela en polvo
clavos de especia

Monde la batata, córtela en pedazos pequeños y hierva en 6 tazas de agua, con las rajas de canela, hasta que ablande. Escurra y bata en batidora eléctrica o pase por un majador. (Puede añadirle un poquito del agua en que hirvieron si es necesario para poder batirla.) Añada el azúcar, sal, leche de coco y yema de huevo. Mezcle bien y vierta en un caldero y cueza a fuego moderado, moviendo todo el tiempo con una cuchara de madera. Cuando comience a hervir, baje el fuego y continué moviendo hasta que despegue por completo de los lados y el fondo del caldero. Es importante que alcance ese punto, de lo contrario no quedará con forma. Retire del fuego y deje refrescar. Eche una cucharadita en la mano, déle forma de pera y pase por el polvo de canela. Coloque un clavo de especia en el centro. Si quiere que endurezcan mas, póngalos un rato al sol. Puede guardar en molde bien tapado, en camadas divididas por papel encerado.

Besitos de Coco
30 besitos

1 lata de leche condensada
2 3/4 taza de coco rallado
(Puede usar el que viene enlatado o en paquete)
1/2 cucharadita sal
1 cucharadita extracto de almendras
3 cucharadas harina de trigo

Mezcle bien todos los ingredientes. En molde engrasado deje caer la mezcla por cucharaditas. Hornee por 15 minutos en horno caliente a 325 grados.

Arroz con Dulce
12 raciones

8 tazas de agua
2 pedazos de jengibre
1 1/2 de arroz
1 1/2 taza azúcar
2 cucharadas de mantequilla
1 cucharada de sal
1 cucharada de anís molido
1 cucharada de canela
1 cucharadita de clavo de especia

Remoje el arroz en agua por 2 horas. Hierva las 8 tazas de agua con el jengibre y el anís en grano. Cuele. Añada el arroz escurrido y cueza a fuego lento. Cuando el grano esté blando, añada el azúcar, mantequilla y sal. Mueva bien. Añada las especias.

Cuando al voltearlo se despegue de los lados y fondo del caldero, retírelo del fuego. Vierta sobre un platón húmedo y si lo desea polvoree con queso de bola rallado. Puede añadir pasas o ciruelas secas, en pedazos, antes de secar el arroz.

Arroz con Coco
8-10 raciones

1 taza arroz (grano corto)
4 tazas de leche de coco o 2 latas de leche de coco
2 tazas de agua
1 taza azúcar
1 cucharadita de sal

6 rajas de canela
2 cucharadas clavos de especias
2 pedazos de jengibre
1 taza de pasas

Ponga el arroz en agua por 2 horas. Machaque el jengibre y hierva por varios minutos con los clavos y la canela en una de las tazas de agua. Tape y deje a fuego bien bajo por 15 minutos. Cuele, deje refrescar, y añada a la loche de coco. Escurra el arroz y coloque en un caldero junto con la leche de coco, el agua y la sal. Cueza a fuego lento moviendo ocasionalmente. Cuando comience a secar y el grano de arroz este blando, añada el azúcar y las pasas. Mueva lentamente, levantando el arroz que esté en el fondo. Cuando se separe por completo de los lados del caldero y al pasar la cuchara por el centro del caldero se vea el fondo, retírelo del fuego. Vierta en platón húmedo y deje refrescar. Polvoree con canela.

Puede usar azúcar negra o mezclar esta en partes iguales con la blanca. Añadirle 1 taza de coco rallado cuando ya este secando el arroz. Añadir 2 cucharadas de mantequilla cuando casi este cocido. Remojar las pasas en 1/4 de taza de ron por 30 minutos. Añadir con todo y ron.

Es importante que nunca añada el azúcar antes de que el grano del arroz esté cocido. Polvoree con queso de bola rallado antes de servirlo, si lo desea.

Dulce de Coco en Almíbar
8-10 raciones

1 coco seco grande
4 tazas de agua

5 tazas de azúcar
cáscaras de limón verde

Abra el coco y remueva la tela. Quítele la corteza, aunque algunas personas prefieren dejarla. Ralle el coco o páselo por la licuadora o procesador de alimentos. Deberá obtener 3 tazas de coco rallado. Coloque en una ollita o calderito, el coco, el agua y el limón y ponga a fuego alto, hasta que hiervan. Añada el azúcar, mueva bien y cuando vuelva a hervir, baje el fuego lo más que pueda. Cueza alrededor de una hora hasta que el almíbar espese. Retire del fuego, vierta en dulcera hondita y deje enfriar.

Cocada

12 raciones

4 tazas de dulce de coco en almíbar
2 cucharadas de mantequilla derretida

4 yemas de huevo
cáscara de limón verde
almendras peladas

Para esta cocada puede usar dulce de coco preparado por usted, o 2 latas de dulce de coco en almíbar. Bata las yemas y añada al dulce. Agregue la mantequilla derretida, la cáscara de limón y mecle bien. Vierta en molde engrasado, 6x8, y adorne con las almendras. Hornee en horno caliente a 350 grados, por 40 minutos. Deje enfriar.

Buñuelos de Viento

10-12 buñuelos

1 taza de harina de trigo
1 1/2 cucharadita de sal
2 cucharaditas de polvo de hornear

1 taza de agua
3 cucharadas mantequilla
4 huevos
aceite para freír

Cierna la harina, sal y polvo de hornear. Coloque el agua en una cacerola mediana y hierva con la sal y la mantequilla. Añada la harina toda de una vez y mueva rápidamente hasta que se forme una masa que se despegue de la cacerola. Retire del fuego y deje enfriar.

Añada los huevos uno a uno, batiendo por unos minutos después de cada adición. Deje reposar por una hora.

Tenga un caldero pequeño con 4 o 5 pulgadas de aceite para freír, caliente. Eche los buñuelos por cucharadas en el aceite. Es preferible que los fría uno a uno o un máximo de dos a la vez. Los buñuelos subirán a la superficie cuando empiecen a hacerse, con una cuchara grande le echa aceite por encima. Cuando tengan un color dorado los saca y los deja escurrir en papel toalla.

Una vez escurridos los coloca en una fuente honda y les vierte por encima el almíbar que haya preparado. Puede usar la misma receta que use para las torrejas gallegas o puede preparar el siguiente:

4 tazas de agua
3 tazas de azúcar
6 estrellas de anís

(anís estrellado) o puede usar
cáscara de un limón verde o 3
rajas de canela

Mezcle el agua y azúcar. Eche en cacerolita pequeña y añada el sabor que prefiera. Hierva hasta que el almíbar espese. Deje refrescar.

Torrejas Gallegas

12-14 raciones

1 libra de pan francés	aceite para freír
2 yemas de huevo	
1 lata de leche evaporada	Almíbar:
1 taza azúcar	1 taza de azúcar
1/4 taza de vino seco	1 taza de agua
1 cucharadita de vainilla	cáscara de limón
1 cucharadita de canela	1/2 cucharadita vainilla
4 huevos	1 raja de canela

Bata las yemas y añada leche, azúcar, vino, vainilla y canela en polvo. Corte el pan en tajadas de 1/2 pulgada. Remoje las ruedas de pan en la leche por unos minutos. Páselas por huevo batido y fríalas en aceite caliente. Es preferible que haga solo una o dos a la vez. Prepare almíbar, hirviendo y luego a fuego lento hasta que espese. Coloque las torrejas en una fuente honda y vierta el almíbar sobre ellas. Sirva a temperatura ambiente.

Ponque

20 raciones

A.	8 claras batidas(reserva 4 claras
1 libra mantequilla	para el "merengue")
2 tazas azúcar	1/2 taza de leche
12 yemas batidas	B. Sirup:
3 tazas de harina de trigo	1/2 taza de agua
1 cucharadita polvo de hornear	3/4 taza de azucar
1 cucharadita de vainilla	gotas de jugo de limón
ralladura de limón	2 cucharadas de ron
1/2 cucharadita de sal	brandy o Amaretto.

Tenga la mantequilla y los huevos a temperatura ambiente. Cierna la harina junto con la sal y el polvo de hornear. Si usted prefiere usar harina de bizcochos "self-rising", no añada la sal ni el polvo de hornear. Cierne esa harina sola.

Bata la mantequilla hasta que este cremosa y añada el azúcar poco a poco batiendo bien. Añada las yemas de dos en dos, batiendo bien después de cada adición. Agregue la harina en forma envolvente hasta que quede totalmente incorporada, alternando con la leche.

Bata las claras a punto de merengue y añada a los otros ingredientes revolviendo bien lentamente. Esté segura que todo queda bien mezclado.

Vierta en molde engrasado en forma de tubo, tamaño grande o en otro de su preferencia. Hornee a 325 grados por 1 hora y 15 minutos. Refresque en rejilla por 15 minutos antes de voltear el molde. Mezcle ingredientes en B y hierva por 5 minutos. Déjelos enfriar.

Este bizcocho se llama en ingles *pound cake* porque supuestamente lleva una libra de cada ingrediente principal. En el Puerto Rico de nuestras abuelas el sonido de pound cake se entendía como ponque, nombre con que se ha conocido siempre este bizcocho.

Un consejito útil- Si lo desea cuando engrase el molde donde va a echar la masa de bizcocho, engráselo, luego fórrelo con papel encerado que acomodara bien a la forma del molde. Engrase ese papel y vierta la mezcla del bizcocho en él. Hornee. Cuando lo volteé, despegue el papel y no se le pegara nunca del molde.

Cuando el bizcocho esté frío, añada el sirup formado por ingredientes en B. Con las 4 claras que sobran puede hacerle una cubierta utilizando la receta de merengue. Utilizando azúcar *confectioners* (más refinada)

Merengues
8-10 merengues grandes

3 claras de huevo
1 taza de azúcar
1/4 cucharadita cremor tártaro
1 cucharadita vainilla o ralladura de limón

Bata las claras a punto de nieve y añada el azúcar poco a poco. Luego añada el crémor y la ralladura o vainilla. Engrase un molde de hacer galletitas y cubra con papel encerado. No engrase el papel. Eche los merengues por cucharaditas o con una manga decorativa. Hornee a 250 grados por 12 a 15 minutos o hasta que el merengue este durito en el exterior pero vele que no se doren. Saque del horno y deje reposar en el molde por unos segundos. Levante el papel encerado y con cuidado vaya despegando los merengues. Una dos mitades para formar un merengue.

Las claras deben estar a temperatura ambiente y los utensilios bien limpios para que no se tengan residuos de grasa. Si esta lloviendo o es un día muy húmedo, pueden no quedar bien. Es preferible hacerlos en un día seco y soleado. Le puede dar color a las claras cuando las está batiendo añadiéndoles unas gotas de color vegetal.

Almíbar para Bizcochos

2 tazas de agua
1 taza de azúcar
gotas de jugo de limón

Ponga los ingredientes en una cacerolita y hierva a fuego alto. Cuando hierva le baja el fuego, lo deja unos minutos hasta que espese. Según lo desee puede añadirle uno de los siguientes:
3 cucharadas de brandy
3 cucharadas de licor de almendras o 1 cucharadita de extracto de almendras, o, cáscara de un limón verde.

También puede probar la siguiente receta que es deliciosa para adultos: derrita 1/4 libra de mantequilla en una cacerolita. Añada el agua y el azúcar y mueva de vez en cuando, hasta, hasta que hierva. Deje hervir por 5 minutos moviendo. Retire del fuego y añada 1/4 taza de ron. Luego lo usan de la siguiente manera: Una vez su biscocho preferido este horneado, lo retira del horno y lo deja enfriar en el molde por 15 minutos. Lo voltea al platón donde vaya a servirlo y con un palillo lo agujerea por toda la parte superior y el borde. Con una cuchara le va echando el almíbar, poco a poco, hasta que lo absorba todo. Déjelo reposar por varias horas antes de cubrirlo con azucarado, se es que lo va a decorar. Si desea, y para que no se le ensucie mucho la fuente o platón donde tiene el bizcocho, corte papel encerado en pedazos de 2 a 4 pulgadas. Los coloca cuidadosamente, a todo alrededor del bizcocho, por debajo del borde. Le echa el almíbar al bizcocho y después que lo haya dejado reposar, le retira las tiritas de papel y si aun se ha ensuciado el platón lo limpia con un pedacito de toalla de papel húmeda.

Bizcocho Esponjoso
8-12 raciones

6 huevos
1 taza de azúcar
2 cucharadas de jugo de limón
1/2 cucharadita ralladura de limón

1 taza harina
1/2 cucharadita de polvo de hornear
1/2 cucharadita de sal

Bata las yemas hasta que estén cremosas y cambien de color; Añada el azúcar poco a poco, batiendo bien. Añada el jugo y la ralladura de limón. Bata las claras a punto de merengue. Cierna la harina, sal y polvo de hornear. Añada la harina a la mitad de las claras, con movimiento envolvente. Añada la otra mitad de las claras y una bien. Vierta en molde de tubo, o rectangular, sin engrasar, y hornee a 350 grados por 45 minutos.

Sopa Borracha
12 raciones

1 bizcocho esponjoso
1/4 taza agua

2 tazas azúcar
2 tazas vino dulce

Prepare almíbar hirviendo el azúcar y el agua. Cuando el azúcar se haya disuelto y el almíbar espese, se retira del fuego y se le añade el vino.

Coloque el bizcocho en un platón hondito, y lo corta del tamaño y forma que desee. Si usa molde rectangular, le sugerimos lo corte en cuadros. Puede si lo desea, colocar los pedacitos en moldecitos individuales de papel, y así es más fácil el servirlos. Vierta el almíbar, poco a poco, sobre los bizcochitos, hasta que estén bien mojados. Adorne con merengue.

Merengue para Sopa Borracha

2 claras
1/4 taza agua

1 taza azúcar
grajeas

Prepare almíbar con el agua y el azúcar dejando hervir hasta que se forme un hilo cuando alza la cuchara. Deje enfriar. Bata las claras a punto de merengue y añada el almíbar poco a poco, batiendo bien todo el tiempo.

Bata hasta que mantenga la forma cuando alza la mezcla con una cuchara. Use una manga para decorar de modo que pueda colocar el merengue sobre los bizcochos en forma atractiva. Polvoree con las grajeas.

Nota: Si no tiene tiempo de preparar el almíbar bata las claras a punto de merengue y añada 3/4 taza de azúcar poco a poco. Elimine el agua. Continúe el procedimiento.

Bien me Sabe

10-12 raciones

2 tazas de leche de coco o 1 lata de leche de coco
6 yemas de huevo
2 tazas de azúcar

1/2 taza de agua
1 bizcocho esponjoso o plantillas

En una cacerolita mezcle el azúcar y el agua y deje hervir a fuego alto. Baje el fuego hasta que forme almíbar, de 8 a 10 minutos. Enfríe.

Bata bien las yemas y mezcle con la leche de coco. Añada el almíbar y cueza a fuego bien bajo, moviendo constantemente, hasta que hierva. Retire del fuego. Si gusta añádale 1/4 taza de brandy o ron. Enfríe.

Sírvalo sobre tajadas de bizcocho esponjoso o sobre plantillas, (lady fingers). Es preferible añadirle el almíbar al bizcocho o a las plantillas poco antes de servirlo y reservar algo para volver a ponerle un poquito una vez este servido ya que tiende a absorberlo rápidamente.

Brazo Gitano

10-12 raciones

6 huevos
1 taza de azúcar
1 cucharadita de vainilla
1 taza de harina de trigo (Presto) que ya tiene la sal y el polvo de hornear.

1/2 taza de leche
1/2 taza mermelada de su fruta favorita
1/2 limón verde (la cáscara).
1/4 mantequilla

Separe las claras de las yemas con cuidado para que las claras no se contaminen con las yemas. Bata las claras a punto de nieve. Añada 1/2 taza de azúcar a las claras batiendo bien. Bata las yemas aparte hasta que estén esponjosas, añada poco a poco el azúcar batiendo todo al tiempo. Junte las yemas y las claras y añada la vainilla y las ralladuras de 1/2 limón verde. Cierna la harina. Agregue por cucharadas a la mezcla alternando con la 1/2 taza de leche. Ponga a derretir la mantequilla y cuando esté líquida la añade a la mezcla.

Prepare un molde llano de 16"x11"x1" forrándolo con papel encerado. Engrase bien tanto el molde como el papel encerado. Vierta la mezcla en el molde y hornee a 350 grados por 20 minutos.

En una toalla de cocina húmeda, estirada encima de la mesa, vierta el bizcocho. Untele su mermelada favorita y enrróllelo sin presionarlo para que no se compacte. Cuando esté frío rebana en tajadas de 1/4 pulgada - 1/2 pulgada. Puede servir con una bola de mantecado de su preferencia.

Bizcocho al Revés

8-10 raciones

3 cucharadas de mantequilla
1 1/2 tazas de azúcar
8 ruedas de piña escurrida
16 cerezas o mitades de ciruelas secas
1 taza de mantequilla

2 tazas de azúcar
8 yemas batidas
2 tazas harina de trigo
2 cucharaditas polvo de hornear
8 claras batidas

En molde de aluminio, redondo, de 10 pulgadas, ponga la mantequilla. Colóquelo en la hornilla a fuego moderado. Derrita la mantequilla y añada el azúcar negra. (Trate de regarla bien por todo el molde para que éste quede cubierto con el azúcar).
No lo mueva con cuchara. Cuando el azúcar se disuelva, coja el molde con agarrador y muévalo para que la mezcla cubra todo el molde. Coloque las ruedas de pina en un patrón que le parezca atractivo y acomode las cerezas o ciruelas en el centro y alrededor, tratando de fijarlas en la mezcla de azúcar. Bata la mantequilla y añada el azúcar batiendo bien después de cada adición. Añada las yemas. Cierna la harina y el polvo de hornear e incorpore a la mezcla. Bata bien.

Bata las claras a punto de merengue y Añada a la mezcla de mantequilla con movimiento envolvente. Vierta en el molde ya preparado y hornee por 40 minutos a 350 grados. Saque del horno con un palillo que se le introduzca en el centro salga limpio. Voltee inmediatamente sobre el platón de servir, dejando el molde boca abajo sobre el platón por un minuto, para que se despegue todo el contenido. Levante el molde con cuidado y si hay algún pedacito de fruta que se ha quedado pegado a este, remueva y coloque en su sitio en el bizcocho. Deje enfriar. Puede usar melocotones en tajadas, mangos o peras en vez de la piña.

Caramelo Para Budín y Flan

3/4 taza azúcar
1/4 taza agua

gotas de jugo de limón

Coloque el azúcar en una sartén o en molde de metal donde vaya a preparar el budín o flan. Vierta el agua sobre el azúcar pero no la mezcle. Póngalo a fuego moderado y observe que no se queme. No lo mueva con cuchara, pero puede mover la sartén o molde.

Cuando comience a hervir y adquiera un color dorado retire del fuego de inmediato. Si se pone muy oscuro le dará un sabor amargo a su plato. Vierta rápidamente en el molde que vaya a usar, si es que no lo hizo en este, y riegue moviendo para que cubra todo el fondo y, con cuidado parte de los lados del molde.

Budín de Pan

8 raciones

1 libra de pan especial
4 tazas de leche
4 huevos batidos
1 cucharadita de canela
1 taza de pasas
1 taza de azúcar

4 cucharadas de mantequilla derretida
pizca de sal
1 cucharadita de vainilla
4 cucharadas de harina de trigo
1/4 taza de ron

Desmenuce el pan y añada la leche. Deje remover por un rato y luego desbarate bien. Puede pasarlo por la licuadora o procesador de alimentos para asegurarse que quede bien desbaratado. Añada los huevos, azúcar, mantequilla, sal, vainilla, canela y ron. Mezcle las pasas con la harina y añada. Vierta en molde engrasado o acaramelado y hornee a baño de María por una hora, a 350 grados. Pruebe con un palillo y si sale limpio ya esta hecho el budín.

Budín de Panapén

8-10 raciones

2 tazas de panapén majadas
4 tazas de leche de coco (2 latas)
1 1/2 taza azúcar
1/4 taza harina

6 huevos batidos
4 cucharadas de mantequilla derretida
1 cucharadita de vainilla

Mezcle bien todos los ingredientes. Cuele y vierta en molde acaramelado. Hornee a baño de María, a 350 grados, por una hora. Enfríe bien antes de voltear.
Si lo desea puede añadir pasas que habrá mezclado con una cucharada de harina, cuando este mezclando los ingredientes.

Budín de Coco

14-16 raciones

1 libra pan especial
1 lata leche evaporada (12 onzas)
2 latas de dulce de coco en almíbar
1 lata de leche fresca
1 cucharadita de vainilla
1 cucharadita de canela

1 taza de pasas o dátiles en pedazos
3 cucharadas de harina
1/2 barra de mantequilla derretida
4 huevos batidos
azúcar al gusto

Desmenuce el pan y remoje en las leches. Bata en licuadora hasta que se forme una masa uniforme. Añada ingredientes menos las pasas y la harina, mezcle bien. Mezcle las pasas con la harina y añada. Vierta en molde rectangular, engrasado o acaramelado, y hornee a 400 grados por una hora. Si el molde es acaramelado hornee en baño de María, si engrasado en horno regular.

Enfríe antes de voltear o servir. Puede Añadirle dulce de coco en almíbar al servirlo.

Budín con Pasta de Guayaba

16-18 raciones

1 libra de pan especial
1 lata de leche evaporada
2 latas de leche fresca
1/4 taza brandy o ron
1 cucharada de vainilla
6 huevos batidos

1/2 barra de mantequilla
     derretida
1 taza de azúcar
pizca de sal
1 pasta de guayaba

Desmenuce el pan y remoje en las leches. Puede mezclar bien en la licuadora o batidora. Añada los huevos, mantequilla, azúcar, vainilla, sal y brandy, mezclando bien.

Acarameles un molde rectangular, 13x9, y vierta la mitad de la mezcla en el mismo. Corte la pasta de guayaba en lascas finas, como de una pulgada de largo, y coloque sobre la mezcla del budín. Cubra con la mezcla que sobraba.

Hornee en baño de María, a 350 grados, por una hora o hasta que dore por encima y al insertar un palillo en el centro, sale limpio. Deje enfriar antes de cortar.

Para hornear al baño de María se coloca el molde con la mezcla en un molde mas grande al que se le ha echado como 1/2 pulgada de agua. Si usted usa un molde 9x13, es posible que no le quepa dentro de otro molde, en cuyo caso, coloque el molde con el budín en la tablilla superior del horno, colocada en el centro del horno. Coloque la otra tablilla en el nivel mas bajo, y en esta coloque un molde de cualquier tamaño, con agua. Esto equivale al baño de María.

Hojaldre

10-12 porciones

1/2 libra mantequilla
2 tazas azúcar negra
6 huevos
3/4 tazas leche
1/2 taza de vino Oporto o Moscatel

3 tazas harina de trigo
1 cucharada canela en polvo
1 cucharada nuez moscada
1 cucharada clavos en polvo
1 cucharada polvo de hornear

Bata la mantequilla hasta cremosa e incorpore el azúcar poco a poco, batiendo bien. Añada los huevos uno a uno y bata bien. Cierna la harina, polvo de hornear y las especias. Mezcle la leche y el vino. Añada la harina y la leche a la mantequilla alternando y batiendo bien después de cada adición. Vierta en molde de tubo, grande, bien engrasado y enharinado. Hornee por una hora a 350 grados. Deje enfriar y voltee en platón de servir. Puede polvorear con azúcar en polvo.

Flan de Leche
8 raciones

6 huevos
1 taza de azúcar
1 taza de leche evaporada sin diluir
pizca de sal
ralladura de limón verde
1 cucharadita de vainilla
molde acaramelado

Bata los huevos ligeramente y añada la leche. Mezcle bien. Añada el azúcar, sal, ralladuras y vainilla (Puede usar la licuadora). Cuele y vierta en molde acaramelado. Hornee en baño de María por 1 hora a 350 grados.

Flan de Coco
10 raciones

1 lata de leche condensada (14 oz.)
8 huevos
1 lata de leche evaporada (12 oz.)
1 taza de leche fresca
pizca de sal
1 cucharadita de vainilla
ralladura de limón verde
1 lata de dulce de coco en almíbar

Bata los huevos hasta unirlos bien. Añada las leches, vainilla, sal y ralladura de limón. Mezcle bien. Añada el dulce de coco y casi todo su almíbar, dejando sin usar dos o tres cucharadas de este. Vierta en molde acaramelado y hornee a baño de María por una hora, a 350 grados. Enfríe bien antes de voltearlo.

Flan de Calabaza

1 taza de calabaza majada
4 huevos ligeramente batidos
1 taza de leche
1/2 cucharadita de vainilla
4 cucharadas mantequilla derretida
1/3 taza de harina de trigo o maicena
1 taza de azúcar
1/4 cucharadita de sal

Mezcle bien todos los ingredientes en la batidora, a velocidad baja. Cerciórese que la calabaza esta bien majada y no tiene pelotas. (Si gusta puede hacer esta receta con calabaza majada enlatada.) Vierta en molde acaramelado y hornee a baño de María por una hora, a 350 grados. Enfríe bien. Al voltearlo puede adornarlo con crema batida y polvorear esta con canela.
Nota:
Puede añadir clavos de especias en polvo, canela y jengibre en polvo a la mezcla mientras la esta mezclando. Añaden un sabor muy agradable.

Flan de Batata

10 raciones

1 1/2 libra de batata blanca
1/4 libra de mantequilla derretida
1/2 taza de harina de trigo o maicena
6 huevos
1 cucharadita de vainilla

1 lata de leche evaporada (12 oz.)
pizca de sal
1 1/2 taza de agua
2 tazas de azúcar
3 rajas de canela

    Hierva la batata con los pedazos de canela. Maje hasta bien suave en la batidora. Añádale la leche, poco a poco, para ayudar a majarla. Añada la mantequilla y la harina y mezcle bien. Eche los huevos, uno a uno, el agua, la sal, vainilla y el azúcar. Vierta en molde acaramelado. Hornee a baño de María, a 350 grados por 1 hora. Enfríe bien.

Flan de Piña

8 raciones

2 tazas jugo de piña sin endulzar
8 huevos

1 taza de azúcar
pizca de sal

    Combine el jugo y el azúcar cociendo a fuego moderado hasta que derrita el azúcar. Deje enfriar. Bata los huevos solo hasta que estén bien unidos y mezcle con el jugo. Vierta en molde acaramelado. Hornee en baño de María, a 350 grados, por una hora. Enfríe bien antes de voltearlo.
Nota: puede substituir el jugo de piña por jugo de china o de parcha.

Flan de Queso

10-12 raciones

2 quesos crema (8 oz. c/u)
1 lata leche evaporada grande
2 cucharaditas de vainilla

1 lata de leche condensada
8 huevos
pizca de sal

    Bata los quesos, que deberán de estar a temperatura ambiente, en la batidora o procesador de alimentos. Añada las dos latas de leche y mezcle bien. Bata los 8 huevos solo hasta que estén bien unidos y mezcle con los quesos. Añada vainilla y sal. Vierta en molde acaramelado. Hornee en baño de María por una hora, a 350 grados. Enfríe bien antes de voltear.

Pasta de Naranja
24 pastitas

1 docena de naranjas
4 litros de agua

4 tazas de azúcar
4 rajas de canela

Monde las naranjas removiendo bien toda la cáscara exterior. Corte en cuatro partes. Remueva la pulpa. Remoje las cáscaras de las naranjas en 2 litros de agua desde la noche anterior. Descarte esa agua y Añada los otros dos litros. Hierva por media hora. Descarte esa agua.

Muela las cortezas de naranja en maquina de moler carne o en procesador de alimentos. Por cada taza de naranja molida usará una taza de azúcar. Ponga en un caldero la naranja con el azúcar y la canela y con cuchara de madera muévala a menudo para que no se pegue. Mantenga el fuego moderado cuando el dulce despegue bien de los lados y del fondo del caldero, remueva del fuego. Vierta sobre superficie plana, cubierta de papel parafinado. Forme pastitas echando una cucharada de la mezcla aplanándolas bien y presionando para que queden compactas. Déjelas secar, preferiblemente al sol para que la superficie se abrillante y queden duritas por fuera y blandas por dentro.

Puede usar azúcar negra en cuyo caso le añade media taza más de azúcar a la receta.

Puede vertir las cucharadas de mezcla sobre hojas de plátano secas. Así se preparaban tradicionalmente.

Orejones de Naranja
20 raciones

1 docena de naranjas
4 litros de agua (para hervir naranjas)

4 tazas de azúcar
3 tazas de agua
4 a 6 rajas de canela

Monde las naranjas removiendo la cáscara exterior. Divida las naranjas en 4 y remueva la pulpa la que puede utilizar para hacer refresco.

Ponga las naranjas en 2 litros de agua, preferiblemente desde la noche anterior. Descarte esta agua. Añada los otros 2 litros de agua y hierva las naranjas por 1/2 hora. Nuevamente, descarte el agua.

Agregue las 3 tazas de agua, el azúcar y la canela y ponga a hervir las naranjas hasta que ablanden, se tornen brillosas y el almíbar espese, aproximadamente 1 hora. Refresque.

Grosellas en Almíbar
6-8 raciones

3 tazas de grosellas verdes
3 tazas de agua

3 tazas de azúcar

Lave las grosellas y hiérvalas. Escúrralas y añada las tres tazas de agua y el azúcar. Hierva a fuego moderado hasta que cambien de color y el almíbar espese. Enfríe.

Las grosellas se utilizaban mucho, tanto en almíbar como abrillantadas. En las bateas que llevaban dulces para la venta por las calles, las vendían en un cucurucho de papel. Ya es muy difícil conseguirlas porque casi no quedan árboles de esta fruta. Es un árbol vidrioso cuyas ramas se parten con facilidad, y años atrás, en casi todos los patios de las casas había un árbol de grosellas junto con uno de limón, de guanábana, de mangó, de aguacate y de quenepas.

Dulce de Mamey
6-8 raciones

1 mamey de 3 libras **2 libras de azúcar**
3 tazas de agua

Escoja un mamey maduro. Móndelo y córtelo en tajadas. Remoje, cubierto en agua con sal por una hora. Escurra y coloque en caldero con las 3 tazas de agua. Cuando hierva, baje el fuego y añada el azúcar. Cueza a fuego lento, pero que se mantenga hirviendo, destapado, aproximadamente por una hora o hasta que la fruta ablande y el almíbar espese. Mientras hierve formara espuma en las orillas del caldero y deberá de removerla con una cuchara de madera. No se preocupe si no puede eliminarla toda. Vierta en fuente honda y enfríe. Si lo vierte en frascos limpios y los mantiene tapados y refrigerados le dura por varias semanas.

Este es un dulce que adquiere un bonito color y es fragante. Lo puede servir con unos pedacitos de queso blanco.

Ciruelas en Almíbar
6-8 raciones

1 libra de ciruelas secas **1 1/2 taza de azúcar**
2 tazas de agua **2 rajas de canela**

Lave y remoje las ciruelas en agua de un día para otro. (Hoy se consiguen ciruelas secas que son húmedas y que no es necesario remojarlas.) Escurra reservando 2 tazas de agua.
Coloque en caldero pequeño, las ciruelas, las 2 tazas de agua, el azúcar y la canela. Cueza a fuego alto hasta que hierva. Baje el fuego y cueza hasta que la fruta esté blanda y el almíbar espeso. Vierta en fuente honda y enfríe. Puede servirse sobre avena o crema de trigo en el desayuno, de merienda con un pedazo de queso, o como postre.

Casquitos de Guayaba
8-10 raciones

2 libras de guayabas (Ni verdes **3 tazas de azúcar**
ni maduras, **3 tazas de agua**
tamaño mediano) **jugo de medio limón pequeño**

Monde las guayabas, preferiblemente con cuchillo de pelar vegetales para que solo se le quite la cáscara exterior. Corte las guayabas por la mitad y con una cucharita, remueva la pulpa.

Hierva los casquitos en 1 litro de agua por 1/2 hora para que ablanden un poco. De esa agua donde hirvieron, mida 3 tazas. Si no tiene suficiente, le Añade agua hasta completar la medida.

En una olla o caldero, destapado, coloque los casquitos, agua, azúcar y las gotas de limón. (El limón evita que el almíbar se azucare.) Hierva hasta que los casquitos adquieran un color rojizo y el almíbar espese. Esto tardara de 45 minutos a una hora.

Dulce de Papaya o Lechoza

14-16 raciones

2 libras de papaya firme, pintona (empezando a madurar)
4 tazas de azúcar
4 rajas de canela

1 cucharadita de bicarbonato de soda
2 litros de agua

El dulce de papaya o lechoza tradicional, se confecciona con papaya verde cortada en lonjas finas que ponían en agua de cenizas por varios días, para que la fruta formara una capa gruesa.

Recuerden que los fogones eran de leña o carbón y con las cenizas que de ellos se sacaban, se preparaba la solución para remojar la papaya. Se usaba azúcar negra; era la mas barata y mas fácil de conseguir. Hoy todavía se prepara cortando la fruta en lonjas finas o en cuadritos pero usando bicarbonato de soda en vez de las cenizas, y azúcar blanca. La receta a continuación es una variante, pues la papaya que se usa es una ya empezando a pintarse (a madurar) y se corta en trocitos cuadrados, mas gruesos, dejando que tenga la pulpa mas gustosa.
Procedimiento:

Monde la papaya y corte en cuadritos de 1/2 pulgada. Póngalos a remojar en la solución de agua con bicarbonato de soda y déjelo por 20 minutos. Escurra y enjuague bien dos o tres veces.

En caldero grande, eche la papaya escurrida, el azúcar y la canela. Tape y cueza a fuego moderado por una hora. (La fruta soltará líquido, por eso no se le añade agua.) Destape y siga a fuego lento por una hora adicional hasta que la papaya se vea transparente, coja un bonito color dorado y el almíbar espese.
Vierta en fuente honda o dulcera. Deje refrescar. Puede guardarlo en frasco de cristal, limpio y bien tapado. Lo guarda en la nevera y le dura varias semanas.
Nota:

Para economizar tiempo al cocinar, puede usar la olla de presión. Después de mondada, cortada y remojada la papaya, enjuague bien y coloque en la olla de presión. Póngala a fuego alto y cuando suba la presión, baja el fuego y lo deja así por 20 minutos. Abra la olla bajo la pluma de agua, con mucho cuidado, mueva el dulce y lo pone a fuego bajo, destapado, por 20 minutos para que coja brillo y el almíbar espese.

Dulce o Mermelada de Mango

8-10 raciones

2 libras de mangó
3 tazas de agua

Azúcar (aproximadamente 2 libras)

Escoja mangós que no sean fibrosos y que estén pintones, no muy maduros. Monde y corte el mango en tajadas. Hierva en las 3 tazas de agua. Cuando comience a hervir, ponga a fuego bajo y deje hervir por 5 minutos.
Remueva del agua y mida. Por cada taza de mango usará una taza de azúcar. Coloque en caldero y cueza a fuego bajo hasta que la fruta ablande y el almíbar espese. Vaya removiendo la espuma que se forma en las orillas del caldero. Si desea que el dulce quede con almíbar liviano, remueva del fuego tan pronto adquiera la consistencia que usted desea. Si prefiere que quede como mermelada, deje cocer por más tiempo hasta que seque más y que al pasar la cuchara de madera, por los bordes, se despegue un poco.
Refresque y eche en potes de cristal, bien limpios. Tape y guarde en la nevera hasta por un mes.
Nota:
Si los mangós tienen fibra, puede luego de hervirlos, pasarlos por el procesador de alimentos y luego colarlos y continuar con la receta.

INDICE DE RECETAS

Bebidas y Entremeses
Limonada	035
Refresco de Acerola	035
Refresco de Tamarindo	035
Refresco de Avena	035
Refresco de Guanábana	035
Champola de Guanábana	036
Limbers	036
Horchata de Ajonjolí	036
Mabí (Maví)	036
Sangría	037
Ponche de Jugo de Uva	037
Black Out	037
Bul	037
Licor de China	038
Cuba Libre	038
Piña Colada	038
Coquito	038
Bilí	039
Ron en Coco	039
Chocolate para Ocasiones Especiales	040
Café Colao	040
Tés o Guarapos	040
Té de Anís Estrellado	041
Té de Flores de Manzanilla	041
Té de Menta o Guanabana	041
Té de Hojas de Morera	041
Té de Hojas de Paletaria	041
Té de Hojas de Naranjo	041
Té de Jengibre	041

Entremeses
Almojábanas	042
Sorullitos de Maíz	042
Bolitas de Bacalao	042
Bacalaítos	043
Bolitas de Queso	043
Antojo de Berenjenas	043
Aceitunas al Ajillo	043
Chorizos en Conserva	044
Bolitas de Panapén	044
Buñuelos de Ñame	044
Rellenitos de Plátano Maduro	044
Alcapurrias	045
Mofonguitos	045
Pastelillos	045
Gandules en Escabeche	046
Guineos en Escabeche	046
Longanizas Fritas	047
Morcillas Fritas	047
Mollejas en Vino	047
Carne Fiambre	047
Emparedados de Jamonilla y Queso	048
Emparedados de Pollo	048
Emparedados de Espárragos	048

Sofritos, Sopas y Caldos
Aceite de Achiote	050
Sofrito Básico	051
Caldo de Pollo	051
Caldo de Pescado	051
Caldo de Res	052
Sopa de Fideos	052
Puré de Vegetales	052
Sopa de Plátano Verde	053
Sopa de Ajo	053
Sancocho	053
Puré de Lentejas	054
Mondongo	054
Cocido	054
Caldo Gallego	055
Asopao de Pollo	055
Asopao de Camarones ó Langosta	056
Sopón de Bacalao	056
Sopón de Gandules	056

Aves, Pescados y Mariscos
Adobo para Aves	058
Pollo Frito	059
Pollo Asado	059
Pechugas de Pollo con Limón	060
Pechugas Pollo Empanadas	060
Pollo Naranjito	061
Pollo en Fricasé	061
Guinea en Fricasé	062
Pollo con Pasas y Cebollas	062
Pollo al Vino	062
Pavo Asado	062
Pavo Relleno	063
Pollo con Berenjenas	064
Alas de Pollo con Miel	064
Pinchos de Pollo	065
Caderas Pollo a la Cerveza	065
Mojito Isleño	065
Pescado Frito	066
Filete de Pescado Empanado	066
Pescado en Escabeche	066
Pescado al Horno	067
Bacalao a la Vizcaína	068
Serenata de Bacalao	068
Atún Guisado	069
Ensalada de Salmón o Atún	069
Ensalada de Langosta	069
Coctel de Camarones	069
Camarones al Ajillo	070
Jueyes	070
Jueyes al Carapacho	071

Salmorejo de Jueyes	071
Ensalada de Carucho o Pulpo	071
Guiso Bacalao y Berenjenas	072
Bacalao Aporreado	072
Pescado en Salsa Verde	072

Carnes

Adobo para Carnes	074
Carne Mechada	075
Carne Guisada	076
Biftec Encebollado	077
Biftec Empanado	077
Biftec Rebosado	078
Biftec Empanado a la Parmesana	078
Filete *Mignon*	079
Corn Beef Guisado	079
Carne Cecina (Tasajo)	079
Ropa Vieja	080
Sesos Rebosados o Empanados	081
Lengua Mechada	081
Biftec de Hígado	082
Chuletas a la Jardinera	082
Chuletas de Cerdo Fritas	083
Gandinga	083
Carne de Cerdo Frita	084
Pernil de Cerdo Asado	084
Pernil de Cerdo al Caldero	085
Filete de Cerdo Relleno	085
Jamón en Vino	086
Salchichas Guisadas con Papas	086
Picadillo de Carne Molida	087
Rellenos de Papa	087
Rellenos de Panapén	088
Albóndigas	088
Cebollas Rellenas	089
Chayotes Rellenos	089
Pimientos Rellenos	089
Piononos de Amarillos	090
Queso Relleno	090
Pastelón de Guineo Verde o Yuca	091
Pastelón de Papa	091
Piñón de Plátano Maduro	092
Empanadas de Yuca	092
Pasteles de Masa	093
Pasteles de Yuca y Pollo	094
Cabro en Fricasé	095
Conejo en Fricasé	096

Arroces, Granos y Pastas

Arroz Blanco I	098
Arroz Blanco II	099
Arroz con Tocino	099
Arroces Guisados	099
Arroz con Pollo	100
Arroz con Recao	100
Arroz con Bacalao	101
Arroz Manposteao	101
Arroz y Habichuelas Blancas	102
Arroz con Gandules y Carne de Cerdo	102
Arroz Apastelado	103
Arroz con Leche	103
Paella	104
Habichuelas Guisadas	104
Garbanzos y Patas de Cerdo	105
Garbanzada	106
Gandules con Bollitos de Plátano	106
Habas Guisadas y Calabaza	106
Fettuchini	107
Espagueti con Salsa de Tomate y Queso	107
Espagueti con Albóndigas	108
Espagueti con Salsa de Garbanzos y Chorizo	108
Canelones	109
Canelones Fritos	109
Macarrones con Pollo	110
Lasagna	110
Marota, Marifinga y Funche	111
Funche	111
Funche de Pescado	112
Polenta	112

Viandas y Ensaladas

Tostones de Plátano Verde	114
Frituras de Yautía	115
Barrigas de Viejas	115
Jibaritos Envueltos	115
Tostones de Panapén	116
Mofongo de Plátanos o Guineos Verdes	116
Ñame en Escabeche	116
Arañitas	117
Plátanos Maduros en Almíbar	117
Batatas Festivas	117
Boronía de Chayote	118
Guanímes de Maíz	118
Guanímes de Maíz y Calabaza	118
Guanimes de Plátano	118
Coliflor en Vinagreta	119
Ensalada de Habichuelas Blancas	119
Ensalada de Chayote	119
Ensalada de Papas	120
Ensalada de Tomates y Pepinillos	120

Postres

Natilla	122
Dulce de Leche	123

Majarete con Coco	123
Mundo Nuevo	123
Tembleque	124
Cazuela	124
Mantecaditos (Polvorones)	124
Nísperos de Batata	125
Besitos de Coco	125
Arroz con Dulce	125
Arroz con Coco	126
Dulce de Coco en Almíbar	126
Cocada	127
Buñuelos de Viento	127
Torrejas Gallegas	128
Ponqué	128
Merengues	129
Almíbar para Bizcochos	129
Bizcocho Esponjoso	130
Sopa Borracha	130
Merengue para Sopa Borracha	130
Bien Me Sabe	131
Brazo Gitano	131
Bizcocho al Revés	132
Caramelo para Budín y Flan	132
Budín de Pan	133
Budín de Panapén	133
Budín de Coco	133
Budín con Pasta de Guayaba	134
Hojaldre	134
Flan de Leche	135
Flan de Coco	135
Flan de Calabaza	135
Flan cde Batata	136
Flan de Piña	136
Flan de Queso	136
Pasta de Naranja	137
Orejones de Naranja	137
Grosellas en Almíbar	137
Dulce de Mamey	138
Ciruelas en Almíbar	138
Casquitos de Gayaba	138
Dulce de Lechoza o Papaya	139
Dulce o Mermelada de Mangó	140